BEI GRIN MACHT SICH IHR WISSEN BEZAHLT

AF137266

- Wir veröffentlichen Ihre Hausarbeit, Bachelor- und Masterarbeit

- Ihr eigenes eBook und Buch - weltweit in allen wichtigen Shops

- Verdienen Sie an jedem Verkauf

Jetzt bei www.GRIN.com hochladen und kostenlos publizieren

Bibliografische Information der Deutschen Nationalbibliothek:

Die Deutsche Bibliothek verzeichnet diese Publikation in der Deutschen National-
bibliografie; detaillierte bibliografische Daten sind im Internet über http://dnb.d-
nb.de/ abrufbar.

Impressum:

Copyright © 2016 GRIN Verlag, Open Publishing GmbH
Druck und Bindung: Books on Demand GmbH, Norderstedt Germany
ISBN: 978-3-668-17645-4

Dieses Buch bei GRIN:

http://www.grin.com/de/e-book/318169/die-zeit-des-nationalsozialismus-ueberblick-
ueber-die-historischen-ergeignisse

Mike G.

Die Zeit des Nationalsozialismus. Überblick über die historischen Ergeignisse

Eine Zusammenfassung in Stichpunkten

GRIN Verlag

Das dunkelste Kapitel der deutschen Geschichte
Die Zeit des Nationalsozialismus

Vorwort

Die Zeit des Nationalsozialismus war eine Zeit des Schreckens und der ungeahnten Gräueltaten. In dieser Zeit geschah etwas, das bis dahin niemand jemals für möglich gehalten hat: Eine Zivilisation verfiel der Barbarei. Die folgende Arbeit befasst sich mit der Machtfestigung Hitlers und den Ausbau des Maßnahmenstaates, mit den vier Phasen der Judenverfolgung, mit Hitlers doppelzüngliger Außenpolitik und letztlich auch mit dem Zweiten Weltkrieg. Dabei wird ein besonderer Schwerpunkt auf die Ideologie des Nationalsozialismus, auf das Ermächtigungsgesetz, auf die ausländischen Betrachterstandpunkte sowie dem Widerstand gelegt. Im Zuge des Geschichte Leistungskurses des Gymnasiums ist diese Arbeit entstanden und wurde mit „sehr gut" (15 Punkte) benotet. Viele Mitschüler nutzten dies um sich auf die Prüfungen und Klausuren vorzubereiten und um einen vertieften Einblick in die Geschichte zu erlangen. Deshalb eignet sich diese Arbeit besonders gut für alle Oberstufenschüler, aber auch für Geschichtsstudenten als Hintergrund- / Basiswissen.

- **30. Januar 1933 Hitler wird Reichskanzler.**
- Schleicher ist zurückgetreten, Hindenburgs Beraterkreis drang ihn zur Ernennung Hitlers.
- Hitler war einfacher Soldat, kein Adliger, darum missfiel sein Aufstieg Hindenburg; Hitler wird nicht vom Volk gewählt, sondern von Hindenburg mittels Notverordnung eingesetzt.
- Großzügige Parteispenden der Wirtschaftskreise ermöglichten Anstieg von Wählerstimmen durch aufwendigere Wahlkampagnen.
- Hitler konnte in wenigen Monaten eine nationalsozialistische, totalitäre Diktatur erreichen.
- **„Machtergreifung oder Machtübertragung?":**

Machtergreifung	Machtübertragung
Aggressiv.	Friedlicher Vorgang auf Basis geltender Gesetze
Revolutionäre Umgestaltung (Putsch).	(Reichspräsident Hindenburg überträgt Hitler gemäß
Verstoß gegen geltende Gesetze.	Verfassung Kanzleramt).
Propagandabegriff der Nazis.	Kein offensichtlich aktiver oder gewalttätiger Umstand.
Aktiv (Aufwertung der NSDAP als	NSDAP konnte nicht zwangsläufig Kanzler einfordern /
mächtig).	stellen.

=> Anschließend systematischer Machtausbau durch NSDAP und Zerstörung der Demokratie (teils gewaltsam, teils „freiwillige" Kapitulation des demokratischen Rechtsstaates).

- **30. Januar 1933 tiefer Einschnitt in deutscher Geschichte.**
- Nationalsozialismus propagiert Tag als Machtergreifung, da Nazis aktiv daran beteiligt gewesen seien.
  - Doch übertrug Hindenburg Hitler ungezwungen Macht ohne Eingreifen der Nazis.
- Machtergreifung fand in Monaten nach **Januar** statt, als Nazis politischen Gegner ausschalteten und totalitäre Diktatur einführen.
  => **Republik** <u>nach</u> <u>nur</u> <u>14 Jahren</u> <u>gescheitert</u>.
- **Abend des 30. Januar 1933** Massenaufmärsche und Fackelzüge der SA versetzen Land in Spannung.
- Bürgerkriegsähnliche Methoden der SA und aggressiver Ton der NSDAP provozierten schon seit Jahren Angst oder Bewunderung in Bevölkerung.
- Machtergreifung sollte ***nationale Revolution*** herbeiführen, weshalb zwei Aufgaben angegangen wurden.
  - 1. Machtposition Hitlers unabhängig von Demokraten werden, darum Gegner beseitigt.

- 2. Stimmungsumschwung in Bevölkerung zugunsten der *nationalen Revolution*, um Bevölkerungsteil, welcher noch nicht für NSDAP ist, hinter sich zu bringen oder vom Protest abzuhalten.
- **Prinzipien der Demokratie werden zerstört.**
- Demokratische Abstimmungen (Bsp. Reichstag) wurden durch **Ermächtigungsgesetz** ausgeschaltet.
- Zerstörung der Parteienvielfalt (Verbot, Selbstauflösung, **Neugründungsverbot 1933**).
  → Meinungs- und Wahlfreiheit genommen (Diktatorisches System).
- **Reichstagsbrandverordnung** hebelt Grundgesetze aus.
- Zerstörung der föderalen Strukturen (**7. April 1933**).
- Abschaffung des Pluralismus (Zensur der Medien (Printmedien, Rundfunk, Filme, Literatur, Kulturbetriebe)).
- „Säuberung" des Beamtenapparates => Willkürliche Entlassungen von politischen Gegnern, Juden und Frauen als Doppelverdiener (Wenn Mann und Ehefrau Beamte, wird Frau entlassen).
- Auflösung freier Gewerkschaften => Druckmittel genommen, Arbeiter ihrer Interessen beraubt.
- **Was kann man aus Weimar lernen?**
- Extremismus wurde nicht ausreichend eingedämmt.
- Verfassung nicht weitgehend genug.
- Aufstieg radikaler Demagogen nicht verhindert worden.
- **Appeasement – Politik** ist erfolglos.
- Uneinigkeit von Parteien gefährdet Stabilität.
- Staatsgewalten wurden von wenigen Personen überwacht bzw. kontrolliert.
- **Ernennung Hitlers war durch Artikel 53 der Weimarer Verfassung legitim.**
- Wegen langer Kette von Notverordnungen interessierte es Zeitgenossen nicht, dass Antidemokrat an Spitze der Regierung stand.
- Im Gegensatz zu Vorgängern hatte Hitler große und gewaltbereite Massenbasis hinter sich.
- Nationalsozialismus herrschte vom **30. Januar 1933** (Machtergreifung) bis zum **8. Mai 1945** (Kapitulation Deutschlands).
- In diesen 12 Jahren geschah Unmögliches: **Zivilisation verfiel in Barbarei.**
  => Nationalsozialismus stellt gewissermaßen Kehrseite der Moderne dar.
- Volk der Dichter und Denker (Deutschland) wurde zum terroristischen Staat, der systematisch Juden tötete und Weltkrieg mit über 50 Millionen Toten entfachte.
- Viele dieser Opfer durch nationalsozialistische Diktatur gestorben, Shoah beeinflusst Familien noch heute.
- Wir vom Nationalsozialismus geprägt, da aus Täterperspektive blicken.
- Kritischer Blick auf Vergangenheit kann neue Möglichkeiten und Gefahren der Moderne offenbaren.
  → Wir haben politisch Verantwortung zu tragen.
- **30. Januar 1933** Zeitgenossen ahnen, dass Hitlers Ernennung kein normaler, demokratischer Regierungswechsel war.
- Faschistische Partei war nun an Spitze des Staates.
- Deutscher Nationalsozialismus ist Variante des europäischen Faschismus weist viele Gemeinsamkeiten auf.
- Nur im Nationalsozialismus wurde Rassismus und Antisemitismus zu Weltanschauung geformt.
  - Umsetzung dieser Anschauung endete in Shoah und Zweitem Weltkrieg.
- **Grundlagen der nationalsozialistischen Ideologie.**
- Mittelpunkt der Lehre ist ewiger Kampf menschlicher Rasse um Lebensraum.

- **Lebensraumtheorie:** Stärke und Entwicklungsmöglichkeiten des Volkes hängt nur vom Größe des Lebensraums ab.
  => Aggressive Expansionspolitik, Zweiter Weltkrieg, Versklavung und Vernichtung der Bevölkerung in eroberten Gebieten.
  => Nationalsozialismus wendet sich gegen alle Merkmale des Industriezeitalters.
  - Nur arische Rasse und nordische Völker können Menschheit beherrschen und Kultur bringen.
  - Slawische Rassen haben unter arischem Herrenvolk eine Lebensberechtigung.
  - Judentum wurde als unterster Gruppe Daseinsberechtigung abgesprochen.
  => Position radikalisierte sich, sodass alle Nicht-Arier als Untermenschen zw. Tieren und Menschen standen.
- **Im 19. Jahrhundert** hat sich Darwins Rassenlehre radikalisiert und auf Menschen bezogen.
  → „Sozialdarwinismus" nicht von Darwin gewollt.
- Nur stärkste Völker überleben, da schwache untergehen.
  → Biologisierung der Politik steht im Gegensatz zum bürgerlichem Gleichheitsgrundsatz.
  → Nationalsozialisten greifen weit verbreitetes Phänomen auf.
- Europäischer Antisemitismus aus Mittelalter wurde **im 19. Jahrhundert** neu aufgefasst.
  → Nicht länger religiös, sondern rassisch begründet.
- => Antisemitismus ist radikaler geworden, früher rettete Bekehrung, nun nichts mehr.
- Juden als Schmarotzer und Feinde der deutschen Herrenrasse propagiert worden, streben hinterlistig Weltherrschaft an.
- **Hauptaufgabe des Staates** sei Reinhaltung des Blutes vom Volk, sodass Politik Juden bekämpfen musste.
- Hitler nannte Juden *„Schädlichen Bazillus"*.
- Shoah bringt nationalsozialistischen Rassenwahn und naturgesetzliche Notwendigkeiten in Einklang.
- Innenpolitisch wurde **Volksgemeinschaft** propagiert, in welcher alle Deutschen ihre Individualität angleichen.
- Soziale Unterschiede, Interessen und Streitigkeiten wurden vereinheitlicht.
  => Parteien und Interessengruppen abgelehnt, da zu Zwietracht führen.
  => Nationalsozialismus bedeutete Verschmelzung der Individuen.
- Nur Blutlinie bestimmt Zugehörigkeit zur Volksgemeinschaft, Entartete und Nichtarier ausgeschlossen.
- Nationalsozialistische Ideologie erschien rational denkenden Menschen banal und realitätsfremd.
- Ideologie trug Charakter einer **Ersatzreligion**.
- Darin lag Stärke, da Gefühle angesprochen wurden, von denen man sich leiten lassen wollte.
  → Attraktivität des Nationalsozialismus.
- Um gesellschaftlich integriert zu werden, musste man Ideologie annehmen, sodass Viele Verbrechen übersahen und ignorierten.
- Ausgeprägterer Antisemitismus ermöglichte nationalsozialistischer Propaganda sowohl Kommunismus als auch Kapitalismus in monumentalen Feindbild zu verschmelzen.
- **Juden lenken Sowjetunion und Wallstreet.**
  → Man gewann Wähler, die Angst vor sozialistischer Revolution hatten und an Wirtschaftskrise(n) litten.
- Juden wurde ebenfalls angerechnet, Regierungen der Siegermächte unterwandert zu haben, sodass sie an Niederlage und Tyrannei Schuld waren.
  => Jüdisches Feindbild vereinte Ängste, subjektive Belastungen und sich teilweise widersprechende Nöte, sodass Nationalsozialisten Zustimmung im Volk bekamen.
- Nationalsozialisten stellten aggressive Politik als Rettung und Verteidigung des Volkes dar.
- **Sozialdarwinismus** rechtfertigt Recht des Stärkeren als Selektionsmittel.

3

→ Gewalt wird legitimes Mittel der Politik.
* Nationalsozialisten sahen Krieg als notwendig, Vernichtung eroberter Völker als Naturrecht des Stärkeren.
* Deutsche ordnen sich als Arier ein, wertet Selbstwertgefühl auf, da man etwas Besonderes sei, unabhängig von Leistung, Bildung und Reife.
* Gleichheit der Volksgenossen wurde nie Wirklichkeit, schuf aber Glauben an Gemeinschaft ohne Vorurteile und soziale Unterschiede.
* Viele Deutsche waren durch Euphorie bereit öffentliche Diskriminierung, Folter und Verhaftungen von Minderheiten (Juden, Opposition, Geisteskranke und Homosexuelle) zu übersehen.
→ Erhoffte gesellschaftliche Integration und Angst vor Ausschluss führen zu untrennbarer Einheit.
* Hitler war kein Diktator, der Volk von oben herab behandelte, sondern ein Führer, der Wesen des Volkes in seiner Person vereinte.
* Interessen des Volkes wurden ohne langwierige Demokratie durch Führer verkörpert und umgesetzt.
* Hitler als selbstlos dargestellt, arbeitet ununterbrochen für Volksgemeinschaft als einer aus deren Mitte, aber auch als Beschützer Deutschlands, der es zu alter Größe führen wird.
=> **Führerglaube** zur Religion geworden, welche ekstatische Begeisterung auslöste.
* Nach Machtergreifung verfolgte **Wirtschaftspolitik zwei Ziele:**
* **1. Überwindung der Arbeitslosigkeit**, was Hitlers Aufstieg erst ermöglichte.
* **2. Bis 1938 soll wirtschaftliche Grundlage** für Expansionspläne geschaffen worden sein.
* **31. Januar 1933 Auflösung des Reichstages auf Drängen Hitlers.**
* Hoffte auf absolute Mehrheit bei Neuwahlen, um Verfassung legal ändern zu können.
=> Aufwendiger Propagandafeldzug gestartet.
* **27. Februar 1933 Brand des Reichstages.**
* Unklar, ob verhaftete Kommunist oder Nazis selbst Täter waren.
* Wie kann Täter geisteskrank sein, wenn er sich solchen Plan ausgedacht hatte?
* Wie kann Einzeltäter an so vielen verschiedenen Stellen Feuer legen?
=> Dies kam Hitlers Wahlkampf und seinen Plänen zugute.
* **28. Februar 1933** Hitler legt Gesetzesentwurf für *„Verordnung des Reichspräsidenten zum Schutz von Volk und Staat"*.
* Im Volksmund: *„**Reichstagsbrandverordnung**"*, Lang vorbereiteter Gesetzesentwurf als Reaktion auf Brand.
* Darunter **Verbot der KPD**, Radio und Zeitungen würdigen Hitlers schnelle Reaktion, ohne welche es sozialistischen Putsch gegeben hätte.
* Brand wurde zum Anlass 20.000 politische Gegner in **„Schutzhaft"** zu nehmen.
* Schutz vor Rache des Volkes und Schutz des Volkes, aber **Euphemismus**.
* Volle Gefängnisse durch KZs abgelöst, worin SA alle potentiellen Gegner der nationalen Revolution einsperrte.
* **Adolf Hitler „Mein Kampf" bezüglich der „Grundrechte" (283/M1).**
* Politische Weltauffassung ist, dass der Staat schöpferische und kulturbildende Kräfte besitze, aber keine rassischen Voraussetzungen benötige.
* In völkischer Weltanschauung hat der Staat nur die Aufgabe das rassische Dasein der Menschen zu erhalten.
  ▪ Kennt keine Gleichheit, diese Erkenntnis fördert das Überleben des Stärkeren und die Unterordnung des Schwächeren.
  => Huldigung des aristokratischen Gedankenguts der Natur.
* Minderwertige Ethnien dürfen nur überleben, wenn durch deren Existenz nicht das Leben der höherwertigen Ethnien gefährdet wird.

- In einer verbarbarisierten, vernegerten Welt vergehen alle Begriffe des menschlichen Schönen und Erhabenen sowie der Vorstellung einer idealisierten Zukunft.
  => Aufgabe des Staates ist der Verbastardisierung der Welt Einhalt zu gebieten.
- Heutige Generation von notorischen Schwächlingen wird Bruch mit heiligsten Menschenrechten bejammern.
  => Einziges heiliges Menschenrecht und dadurch heiligste Verpflichtung ist die Reinhaltung und Bewahrung des besten Menschentums, wodurch die Möglichkeit einer besseren Entwicklung dieser Wesen besteht.
- **5. März 1933 Reichstagswahlen.**
- NSDAP erhält nicht angestrebte absolute Mehrheit, nur 43,9%
  → Radikales Vorgehen schreckte Bevölkerung ab, sodass Wähler skeptisch wurden.
- Koalition mit *„Kampffront Schwarz-Weiß-Rot"* führt zur Mehrheit von 52%.
- **Seit dem 5. März 1933** keine Wahlen mehr, weshalb keine konkreten Zahlen über Zustimmung des Nationalsozialismus in Bevölkerung.
- **21. März 1933 Tag von Potsdam.**
- Reichstag tritt in Potsdamer Garnisonskirche zusammen.
- Hitler gibt Hindenburg die Hand (als unterwürfige Szene dargestellt) und reiht sich damit in Reihe berühmter preußischer Könige.
  - Hatte enorme Werbewirkung, da Hitler nun als legitimer Erbe preußischer und wilhelminischer Größe angesehen wurde.

Was der König eroberte,	→ Friedrich der Große Vergrößerung des preußischen Kernlandes (Eroberung Schlesiens).
der Fürst formte,	→ Otto von Bismarck **1871** Reichsgründung nach deutsch-französischem Krieg **1870/71.**
der Feldmarschall verteidigte,	→ Hindenburg Teil der OHL im 1. WK, Sieger von Tannenberg.
rettete und einigte der Soldat.	→ Adolf Hitler: Gefreiter im 1. WK,

- **Propaganda am Tag von Potsdam (Postkarte 106).**
- Bedeutung eines einzelnen Soldaten wird erhöht („Mann aus dem Volk")
  - Präteritum als Vorschuss Lorbeeren gewählt.
    → Leistungen erscheinen bereits vollbracht.
  - Einigung des Volkes hinter Führer.
  - Rückgewinn verlorener Gebiete im Osten.
    => Fokus liegt auf Tat (Vorausstellung der Verben).
  => Hitler ist vorbestraft, hat noch keine Leistungen erbracht.
  => Hitler wird selbstverständlich in Reihe prägender Persönlichkeiten deutscher und preußischer Geschichte gestellt.
  → Knüpft an Tradition des Kaiserreiches an, aber Hitler war kein Preuße.

23. März 1933 Ermächtigungsgesetz.

Rumpfparlament erlässt Ermächtigungsgesetz (Hunderte Abgeordnete verhaftet, verfolgt oder verängstigt).

- **Ablauf der Reichstagssitzung vom 23. März 1933 (140)**
- In Krolloper abgehalten, da Reichstagsgebäude noch nicht saniert.
- 535 Abgeordnete ohne KPD – Abgeordnete, SPD mit 25 Abgeordneten zu wenig vertreten, weil diese in Schutzhaft.

- Fehlende gelten als unentschuldigt fehlend.
- Unmittelbar vor Sitzung werden Severing und Leber aus SPD festgenommen.
- **14.05 Uhr** Hitler eröffnet Sitzung mit Antrag auf Ermächtigungsgesetz.
- **15.12 Uhr** Unterbrechung für Beratung der Parteien untereinander.
- **18.16 Uhr** Rede von Wels (SPD), spontane Antwort von Hitler (gekontert, fiel ins Wort), Rede von Kaas (Zentrum), Rede von Ritter von Lex (BVP), Rede von Dr. Maier (Staatspartei), Rede von Simpfendörfer (Volkspartei).
  Namentliche Abstimmung bringt 441 Stimmen für und 94 gegen Antrag, Göring verabschiedet Gesetz.
  → Gegner sind starke Persönlichkeiten, aber nun bekannt, darum vermehrt Flucht ins Ausland.
- **19.52 Uhr** SA und SS feiern Sieg, bleiben aber friedlich.
- **23. März 1933 Regierungserklärung zum Ermächtigungsgesetz von Hitler (141/M3).**
- Abwertung der demokratischen Prinzipien „Theoretische Gleichheit"(1), „demokratisches Doktrin"(4).
- Überhöhung von Volk und Nation, die es durch Nationalsozialisten zu retten gilt.
- Politischen Gegnern wird „Vernichtungstendenz" (11) unterstellt.
  → Indirekte Drohung für alle, die nicht für Gesetz stimmten.
  → Ironisch, da Hitler selbst Demokratie zerstören wird.
- Offenes Angebot für „verführten Opfer"(12) umzukehren und Nationalsozialisten zu unterstützen.
- „Moralische Entgiftung des Staatskörpers" (20) gefällt Nationalsozialisten, ist äußerst radikal.
- Religiöses Bewusstsein der Deutschen wird gewürdigt, Konfessionen sollen erhalten werden.
- Durch Gleichschaltung der Länder mit Reich wird Souveränität der Länder aufgehoben, weshalb Würdigung der Verträge zwischen Bund und Ländern Floskel bleibt.
- Am Ende wird Wahl zwischen Krieg und Frieden offen gestellt.
  → Einseitig und realitätsfremd, schürt aber eventuell Angst.
- **Merkmale nationalsozialistischer Reden.**
- Übertreibungen.
- Kontraste (Freund ↔ Feind / Krieg ↔ Frieden).
- Häufige Verwendung nationaler Begriffe (Volk, Nation).
- Wortneuschöpfungen (Neologismen) zu Volk, Reich, Rasse („Rassenschande").
- Neubildung von Euphemismen (Endlösung für Massenmord).
- Starke Wertungen(zahlreiche Wertbegriffe und wertende Adjektive),besonders zur Diffamierung des Gegners, Hochwertbegriffe zur Aufwertung eigener Person.
- Imperativischer Stil (Vorliebe für Modalverb „müssen",Aufforderungen, Anweisungen)
- Unbestimmtheit der Begriffe und allgemeine Verschwommenheit des Ausdrucks, assoziationsreiche Begriffe.
- Metaphern aus Technik („Menschenmaterial", „Arbeiterbestände"), Medizin/Biologie („Bakterien", „Schmarotzer") = dehumanisierende Darstellung von Mitmenschen. Fachbegriffe in fachfremden Texten verleihen diesen scheinbar wissenschaftliche Glaubwürdigkeit.
- Vorliebe für religiöse Begriffe wie „ewig", „heilig", „Glaube", „Vorsehung", „Mission", „Opfer" „Treue".
- Formalisierte Sprache (Schlagwörter, Slogans, stereotype Wendungen, feste Adjektiv-Substantiv Kopplungen).
- Scheinlogik (scheinlogische Satzverflechtungen).
- Verständlichkeit und Einprägsamkeit (einfacher, überschaubarer Satzbau, keine längeren Nominalkomplexe, rhetorische Figuren).
- Appell am Ende.

- Reden des Führers vergleichen Zeitgenossen mit **religiöser Bekehrung**.

- Gibt Hoffnung und spricht **Mannesehre** an.
- Zieht alle Hörer in Bann, weshalb Zweifel vergessen.
- Hitler nutzte viele rhetorische Taktiken in Reden.
- Geht nicht auf Konkretes ein, baut Glauben an abstraktes Ziel auf.
  - Glaube und Wille dazu sind Kernelement der nationalsozialistischen Bewegung.
- Formulierte niemals Zweifel, vermittelte stets erfolgreiche, dynamische Entschlossenheit.
- Vereinfachte Fragen mit schwarz-weiß Denken, wodurch große Zielsetzung vermittelt wurde.
- Keine Argumente, nur Appelle an tiefsitzende Werte (deutsche Mannesehre) und Selbstwertgefühl der Zuhörer.
  => Rhetorische Taktik gepaart mit entmutigt und orientierungslos fühlenden Zuhörern machte Hitler derart erfolgreich.
- **23. März 1933 Rede von Otto Wels (SPD) gegen Ermächtigungsgesetz (136/M1).**
- SPD verfechtet seit jeher deutsche Gleichberechtigung, welche Hitler fordert.
- Wels stellte sich als Erster auf Berner Konferenz gegen Schuld Deutschlands am Ausbruch des 1. Weltkrieges.
- Grundsätze der SPD hindern nicht daran deutschem Volk Gerechtigkeit widerfahren zu lassen.
- Wels stimmt Hitler zu, dass Reparationszahlungen Schande seien.
- Zieht Parallelen zur Nationalversammlung 1919, trotz Niederlage ist Deutschland nicht ehrlos.
- Reparationszahlungen sollen deutsche Ehre verblassen lassen.
- Hofft, dass sich Versuch der Ehrabschneidung gegen Urheber wendet.
- Sozialdemokraten haben Waffenstillstand unterzeichnet um Vormarsch ausländischer Truppen zu stoppen.
  => Aber aus Gewaltfrieden folgt kein Segen.
- Auf Gewaltfrieden lässt sich keine Volksgemeinschaft gründen, da er keine Ordnung ins Innern bringt.
- Volksgemeinschaft kann sich nur auf Isonomie gründen.
- Gewalt soll unterbunden werden, Besiegte sollen nicht vogelfrei behandelt werden.
  → SA Straßenkämpfer werden nicht zur Rechenschaft gezogen.
- SPD wird wegen Verfolgungen nicht für Ermächtigungsgesetz stimmen.
- Reichstagswahlen haben Regierungspartei Mehrheit gegeben, damit Möglichkeit im Sinne der Verfassung zu handeln, worin ihre Pflicht besteht.
- Opposition ist notwendig, doch schaltet Hitler die Kontrolle aus.
  → Hindenburg regierte ohne Reichstag, Hitler wird dies vertiefen.
  => SPD ist gegen Allmacht der Regierung.
- Pressezensur erschwert öffentliche Meinungsbildung.
  → SPD fordert Rechtssicherheit um Ordnung wiederherzustellen.
- SPD wird zu Unrecht vorgeworfen, dass sie sich mit Ausland gegen Nationalsozialisten verbündet.
- SPD schickt keine Millionen (Währungseinheiten) ins Ausland.
- Nationalsozialisten nennen ihre „Revolution" national, nicht nationalsozialistisch.
- Revolution zielt auf Vernichtung der sozialdemokratischen Bewegung, welche Geist des Sozialismus in Deutschland verbreitet hat.
- Wenn Nationalsozialisten sozialistische Taten ausführen würden, benötigten sie kein Ermächtigungsgesetz.
- Würden Mehrheit bei Entscheidungen bekommen, da SPD dann hinter ihnen stehen würde.
  => Wels entlarvt wahre Absichten des Nationalsozialismus; Sozialismus nur zu Propagandazwecken gebraucht.
- Volk erwartet Besserung der (wirtschaftlichen) Lage, aber Hitler schaltet Reichstag aus, um seine Revolution voranzutreiben.

- Zerstörung der alten Ordnung ist keine Revolution => Entlarvt Revolution als Propagandabegriff.
- Sozialdemokratie hat (Mit-)Verantwortung getragen, wird dafür nur beschimpft.
- Leistungen für Wiederaufbau des Staates und Wirtschaft bleiben aber unvergessen.
- Haben Isonomie und politische Laufbahn der Arbeiter ermöglicht.
- Erst Demokratie hat NSDAP Aufstieg bereitet, nun diese zu zerstören gewollt.
- Denkt nicht, dass machtpolitische Tatsachen nur durch Rechtsverdrehungen beseitigt werden können.
- SPD wird an Rechtsbewusstsein des Volkes appellieren.
- Hält an Weimarer Verfassung fest, auch wenn es keine sozialistische ist.
  => SPD bekennt sich zu Grundsätzen der Menschlichkeit, Gerechtigkeit, Freiheit und des Sozialismus.
- Diese Werte kann man nicht auf Dauer abschaffen, da im Denken der Menschen verankert.
- NSDAP bekennt sich zum Sozialismus, doch wollen sie mit Ermächtigungsgesetz viele Errungenschaften des Sozialismus zerstören.
- Sozialistengesetz hat Sozialdemokraten nicht geschadet, darum wird Ermächtigungsgesetz auch nicht schaden.
- Aus Verfolgung schöpft SPD neue Kraft, Wählerzahlen stiegen auch während des Sozialistengesetzes.
  → SPD besteht schon lange, ist traditionsreich; lässt sich durch Hitler nicht entmutigen.
- Appell an alle Verfolgten und Bedrängten zur Standhaftigkeit.
- **23. März 1933 Antwortrede Hitlers im Reichstag (138/M2).**
- SPD wirft (spät) mit Weisheit um sich, doch als an Macht, diese nicht angewandt.
  → Provozierend und ironisch von Hitler.
- SPD hätte deutscher Revolution, an der sie mitgewirkt, starken Schwung geben können.
  → Vergleich Frankreichkrieg 1870.
- Hitler hätte Deutschland zu starker Nation gemacht, doch SPD schon mit Abwenden der äußeren Katastrophe zufrieden.
  => SPD mied Kampf, schwingt bloß große Reden.
- SPD 14 Jahre an Macht, hätte Deutschland „zum Beispiel an Ehre" in Welt machen können.
  → Stimmt nicht, da SPD Regierungen stets instabil und nicht aufeinanderfolgend waren.
- Auch wenn Deutschland von Außen unterdrückt wurde, sollte man es im Innern mit Würde hinnehmen.
- Hitler wird Entwürdigung des Volkes beseitigen, was SPD hätte machen sollen.
- Es ist nicht ehrenvoll gewesen sich vom Feind Verfassung diktieren zu lassen.
  → Verfassung wurde nicht diktiert, sondern vom kriegsmüden Volk aufgesetzt.
  → Spricht Novemberverbrecher an, da diese Volk auch mit Verfassung in Rücken fielen.
- SPD hätte sich dagegen zur Wehr setzen müssen.
- Gerade in Not soll man Stolz zeigen, sich zu Volk und Symbolen bekennen.
- SPD hätte sich zu Tradition bekennen müssen, nicht zu demokratischen Idee der Alliierten.
- Aus rot-weiß-schwarzer Fahne wurde schwarz-rot-goldene.
  → Abwertung der freiheitlichen Rechte, für welche in 1848 Revolution gekämpft wurden.
  → Geschichtsbruch, da Demokratie keine Idee von Außen war, sondern freiwillig übernommen wurde.
- Selbst wenn Deutschland alles genommen werden würde, was wichtig war, hätte man Ehre im Innern zeigen müssen.
  → SPD hat kein Verständnis dafür.
- SPD fordert Isonomie, ohne dies in 14 Jahren Amtszeit durchgesetzt zu haben.

- SPD sagte man solle Deutschland nicht wie vogelfrei behandeln, was aber nur entstanden ist, weil sie Macht an Alliierten abgegeben hat.
- Jeder Anwesende musste schon ins Gefängnis gehen oder unter Schikanen der Verfolgung büßen.
- System hat alle schikaniert, alle mussten unter Herrschaft und Deflationspolitik leiden.
  → Verhaftungen wegen häufiger Putschversuche, nicht aus Schikane.
- NSDAP Abgeordnete trugen braune Hemden, keinen Anzug, um Zugehörigkeit zu zeigen; Wegen Verstoß gegen Kleiderordnung wurden sie aus Reichstag geworfen.
  → Keine Schikane.
- Kritik von Patrioten ist angebracht und förderlich, aber nicht von Internationalen.
  => Spricht SPD, besonders KPD das Deutschsein ab.
- Unter SPD wurden rechte Presse, Versammlungen und Reden verboten.
  → Stimmt nicht, Problem war zu viel Meinungsfreiheit, da Radikale schnell aufsteigen konnten.
  → SPD wäre gar nicht in Lage NSDAP zu zensieren, nur Regierung.
  => Spricht von Scheinheiligkeit der SPD, da sie Presse- und Meinungsfreiheit fordern.
- SPD hat nicht so viel Erfahrung mit Verfolgungen gemacht wie NSDAP.
- NSDAP will Forderungen und Verlangen der Arbeiter nachkommen, deren Fürsprecher sein.
  => SPD wird überflüssig.
- Nationalsozialisten haben bereits so viel Macht für Umsetzung des Gesetzes, erbitten aber trotzdem Zustimmung des Reichstags.
- Des Rechts wegen, nicht aus Machtüberschätzung.
- Hätte man auch durch Ausschaltung der politischen Gegner erreichen können (SA).
- SPD wird Gesetz nicht zustimmen, da sie Absichten dahinter nicht erkennen werden.
- Will auch gar nicht, dass SPD dafür stimmt.
  =>Deutschland soll frei sein, aber nicht durch SPD.
- Deutschland wird nicht frei, die Nationalsozialisten verstehen darunter Freiheit der Nation.
- **23. März 1933 „Gesetz zur Behebung der Not von Volk und Reich" (Ermächtigungsgesetz) (141/M4).**
- **Artikel 1** Reichsregierung kann Gesetze zusätzlich zum alten Verfahren erlassen.
  → Legislative mit Exekutive verbunden, Gewaltenteilung aufgehoben.
- **Artikel 2** Rechte des Reichspräsidenten können nicht angetastet werden.
  → Zugeständnis.
  Neue Gesetze dürfen nicht Zusammensetzung von Reichstag oder Reichsrat festlegen, aber mit Verfassung brechen.
  → Verfassung wird ausgehebelt.
- **Artikel 3** Kanzler soll Gesetze im Reichsgesetzblatt veröffentlichen und ausarbeiten.
  → Machtfülle ausgebaut.
- **Artikel 4** Außenpolitische Verträge, die sich auf Reichsgesetzgebung beziehen, brauchen nicht Zustimmung gesetzgebender Körperschaften.
  → Außenpolitik nicht von Legislative abhängig.
- **Artikel 5** Gesetz tritt jetzt in Kraft und am **1. April 1937** (Datum bewusst gewählt) oder beim Regierungswechsel außer Kraft.
  → Regierungswechsel unerwartet, aber im Falle keine Macht der neuen Regierung.
  → Wiederwahl fand nicht statt, sondern sollte lediglich einen zeitlichen Überblick schaffen.
- Deutsches Reich wurde zum Doppelstaat.
- **Normenstaat** mit Weimarer Verfassung machte Anschein eines Rechtsstaates, da alte Gesetze erhalten blieben und neue verabschiedet wurden.
- **Maßnahmenstaat** bricht durch willkürliche Maßnahmen nach Führerprinzip mit alten

Gesetzen.

=> Existenz von Gesetzen sorgt für Ruhe und Ordnung, während Maßnahmenstaat mit Recht und Ordnung bricht.

- *„Wenn der Führer dies wüsste"* - wurde gesagt, wenn man mit Maßnahmen nicht zufrieden war, da man deshalb eigenständiges Handeln schlussfolgerte, der Führer mache nämlich alles richtig.
- **4 Phasen der Judenverfolgung in NS Zeit.**
- **1933 – 1934 Hetz- und Terrorphase.**
- Drohungen und Boykottmaßnahmen von SA / SS nicht umfangreich geplant worden.
- Diskriminierung der Juden traf in Gesellschaft auf hohe Zustimmung.
- **März 1933 Heimtückeverordnung.**
- Alles, was Volksgemeinschaft schaden könnte, wird verboten.
  - Kritik an Regierung, abhören feindlicher / ausländischer Sender, unerlaubtes Metzgern usw.
- **31. März 1933 „vorläufiges Gesetz zur Gleichschaltung der Länder mit dem Reich".**
- Landesregierungen dürfen ohne Zustimmung der Landtage Gesetze erlassen.
- **1. April 1933** Goebbels ruft **reichsweiten Boykott** gegen jüdische Geschäfte aus.
- Weniger Zustimmung in Bevölkerung als erwartet, darum auf staatlich-administrative Ausgrenzung beschränkt.
- **7. April 1933 „Zweites Gesetz zur Gleichschaltung der Länder mit dem Reich".**
- Landesregierungen durch 11 Reichsstatthalter ersetzt worden.
  => Weimarer Föderalismus, Bollwerk gegen übermächtige Machtkonzentration, endete in wenigen Tagen.
- **7. April 1933 Gesetz zur „Wiederherstellung des Berufsbeamtentums".**
- Erlaubt Regierung alle unloyale und nichtarische Beamte zu entlassen.
  → Staatliche Säuberungsaktion und unverhüllte Drohung.
- Führt zum Auftrittsverbot von über 1000 Künstler.
- Nichtstaatliche Unternehmen wenden sich von unangemessenen Elementen ab.
- **22. April 1933** Jüdischen Ärzten wird Kassenzulassung entzogen.
- **25. April 1933** Nur Arier dürfen Mitglieder in Sportvereinen werden.
- Gewerkschaften lehnten sich nicht gegen nationalsozialistisches Regime auf.
- Schätzten Regime falsch ein, dachten Gewerkschaftsarbeit weiterführen zu können.
- Traditionelle Zusammenarbeit der Gewerkschaften und SPD sollte an Hitler annähern.
- **1. Mai (1933)** Hitler erklärt zum *„Tag der Arbeit".*
- Tag nationaler Arbeit propagandistisch gefeiert, um Arbeiter zu beruhigen.
- **2. Mai 1933 Auflösung der Gewerkschaften und Gründung der DAF (Deutsche Arbeitsfront).**
- SA besetzt Gewerkschaften, beschlagnahmt Vermögen und verhaftet Funktionäre.
- DAF tritt an Stelle der Gewerkschaften und will deutsches Volk mit Arbeitern und Unternehmern gemeinsam „gesunden".
  → Arbeiter wurden ihrer Interessen beraubt.
- **Verdrängung jüdischer Wissenschaftler (AB).**
- 2. Mai 1933 Victor Klemperer wird entlassen, wegen Berufsbeamtengesetz.
- Kann dies nicht glauben, ruft in Schule an, Kommissar wusste nichts, wollte Rektor aber nicht fragen.
- Soll noch bis Juli Gehalt bekommen.
  - 800Mark reichen jetzt schon nicht, Pension beträgt nur 400.
- Bewirbt sich bei zahlreichen Hochschulen im Ausland. hat viele Qualitäten vorzuweisen und ist

wissbegierig.

=> Trotzdem ist seine Chance sehr gering.

- **Juni – Juli 1933** SPD wird verboten und bürgerliche Parteien lösen sich selbst auf.
- **6. Juli 1933 Reichstagsrede Hitlers.**
- Auf Erringung der äußeren Macht muss Erziehung im Innern folgen.
- Hohe Zustimmung in Bevölkerung beruht auf **zwei wechselseitig bedingten Faktoren.**
  - 1. Effektivere nationalsozialistische Propaganda und Erziehung.
  - 2. Bereitschaft sich von Propaganda und Erziehung beeinflussen zu lassen.
- Bevölkerung folgte bereitwillig der nationalsozialistischen Weltsicht, teils aus Fanatismus, aus erhofftem Wohlwollen oder aus **Opportunismus** (Anpassung, weil man sich eigenen Vorteil verspricht).
- Drittes Reich war eine **terroristische Herrschaft** und **Erziehungsdiktatur.**
- Terror gegenüber Minderheiten nahmen **1934** zu, aber nicht mehr gegen mächtige Gegner, sondern gegen <u>Asoziale</u> (Obdachlose), <u>Behinderte</u>, <u>Juden</u>, <u>Sinti</u> und <u>Roma</u>.
- Terror stand mehr im Dienst der Propaganda, behielt aber den politischen Abschreckungsfunktion bei.
- **14. Juli 1933 Gesetz gegen die Neubildung von Parteien.**
  - → Deutschland ist endgültig zum Einparteienstaat geworden.
- Charakteristisch für nationalsozialistische Herrschaftsordnung ist Überlagerung von Staats- und Parteiorganen.
- Typische Struktur des nationalsozialistischen Doppelstaates wird so aufrecht erhalten.
- **Organe der Weimarer Zeit** blieben bestehen, jedoch kamen neue dazu, welche alten kontrollierten.
- Beamtenmangel erlaubt keine Entlassungen, darum führernahe „Sonderbeauftragte" übergeordnet um Loyalität der Beamten zu überprüfen.
- Nationalsozialistische Herrschaft bestand aus vielen konkurrierenden Personen und Organisationen, deren Kompetenzen sich häufig überlagerten.
  - → NS – Diktatur ist chaotisches Durcheinander **(Polykratie).**
- Kompetenzüberlagerungen teils durch Geschwindigkeit und Chaos der Machtsicherung entstanden, aber auch bewusst von Hitler gefördert worden.
- Dadurch gewisse Unsicherheiten bei politischen Handlungen erzeugt, welche nur Hitler alleine lösen konnte.
  => Bildet Spielraum für Willkürentscheidungen von oben.
- Nach Machtübertragung begann NSDAP Individuen in **Volksgemeinschaft** aufgehen zulassen.
- Allen Volksgenossen soll Ausübung selbstverständlicher, völkischer Pflicht ermöglicht werden.
- Einheitliche Organisationen geschaffen, welche später verpflichtend wurden.
- Begleiten Bürger von Wiege bis Bare, darum HJ und BDM (Bund deutscher Mädels) besonders wichtig, welche beeinflussbare Kinder an Ideologie binden sollten.
- Organisationen sollen nicht einzelne Interessen vertreten, sondern Eingliederung in Volksgemeinschaft fördern.
- DAF und KdF bieten Freizeitaktivitäten und erlangten besondere Bedeutung.
- In **Reichskulturkammer** wurden Künstler, Musiker und Literaten zwangsweise organisiert.
  - Ausschluss kommt Berufsverbot gleich.
- Um **Volksgemeinschaft** aufrecht erhalten zu können, mussten Unterdrückung und Verfolgung von politischen Gegnern und Nichtariern betrieben werden.
- Politische Gegner in Phase der Machtsicherung von SA drangsaliert, inhaftiert und gefoltert worden.
  - Darunter auch Homosexuelle, Juden, Asoziale und Kriminelle.
    - → **SA richtet „wilde Lager" ein.**

11

- **20. Juli 1933 Konkordat zwischen Deutschland und Vatikan.**
- Um katholische Kirche zu schützen, beschränkt sich Papst auf seelsorgerische Aufgaben in Deutschland.
- Katholische Kirche wollte eigene Macht nicht gefährden.
- Hätte Papst in früher Zeit eingegriffen, wäre Erfolg Hitlers nicht so schnell voran gerückt.
- Ähnlich wie Bismarck sieht Hitler die Katholiken als Staatsfeinde, bekämpft sie nur auf diplomatischer Ebene.
- **18. August 1933 Volksempfänger** wird auf Funkausstellung präsentiert.
- Goebbels verbreitet Ideologie über Radio, welches Unternehmen preiswert produzieren sollen, damit Volk Reden des Führers hört und beeinflussbar bleibt.
- **Reichskulturkammer** zu Unterhaltungs- und Propagandafilmen angehalten.
- **4. Oktober 1933 Schriftleitergesetz.**
- **Reichspropagandaministerium** überprüft völkische Einstellung der Journalisten und verhängt Berufsverbote, Staat diktiert Pressetext und inhaftiert Aufrührer.
- **14. Oktober 1933 Austritt Deutschlands aus Völkerbund.**
  → Erster offener Bruch mit Versailler Vertrag.
- Deutschland will sich außenpolitisch nicht einschränken lassen.
- Eintritt galt als Annäherung Deutschlands zum Westen.
- Opposition, Künstler und Intellektuelle flohen ins Ausland und mussten sich schwierig neue Existenz aufbauen.
- Politiker im Exil unterstützten Organisationen, die <u>Widerstand</u> in Deutschland unterstützten.
- Beginn nationalsozialistischer Herrschaft veranlasste Arbeiterbewegung (KPD, SPD und Gewerkschaften) in Untergrund zu gehen.
- Organisationsstrukturen kamen ihnen zu Gute, Exilorganisationen der SPD und KPD wollten Infos sammeln und Interessen verbreiten.
- **1933 – 1936 Erste Phase nationalsozialistischer Außenpolitik.**
- Geprägt von vorsichtigen Verstößen gegen Versailler Vertrag und Suche nach Bündnispartnern.
- **1933 – 1938** staatliche Investitionen in Amerika sorgen für Aufschwung.
- Roosevelt schuf Vertrauen der Bevölkerung in Zukunft und Wohlstand.
  - Roosevelt selbst hielt 2 Reden jede Woche.
  - Politische Berater sprachen täglich mit Reportern.
    → Roosevelt gilt als Erfinder des politischen Optimismus'.
- Trotz Pressefreiheit hat Presse ihn nicht schlecht gemacht.
- Anders als in Europa hielt Roosevelt nicht an vorindustriellen Werten fest sondern wagte Schritt zu modernen Sozialstaat.
  - Entfernte sich vom Liberalismus durch Subventionen, Förderung der Arbeiter und Arbeitsbeschaffungsmaßnahmen.
  => Roosevelt baute Optimismus, Leistungsglaube, Eifer und Leistungsbereitschaft der amerikanischen Bevölkerung wieder auf.
- **26. Januar 1934 Nichtangriffspakt mit Polen geschlossen.**
- Soll Friedenswillen demonstrieren.
- Man wollte Polen in Sicherheit wiegen, um Territorien später gewaltsam einzuverleiben.
- **28 Februar 1934 Nur Arier in Wehrmacht geduldet.**
- **5. März 1934** Jüdische Schauspieler dürfen nicht mehr auftreten.
- **Seit Mitte 1934** ist Popularität des Nationalsozialismus gestiegen, da sich „Diktatur gegen das Volk" zur „Diktatur mit dem Volk" wendete.
- **Sommer 1934** politische Gegner und feindliche Institutionen entfernt,Loyalität der Reichswehr im Visier.

- SA (Sturmabteilung) gefährdete Hitlers Ziele.
  1. SA wollte zweite Revolution herbeiführen und bürgerlich-kapitalistische Ordnung aufheben.
    - Hitler wollte beim Aufbau der Wirtschaft und Rüstung mit bürgerlichen Industriellen zusammenarbeiten.
  2. SA wollte als Volksheer anstelle der Reichswehr treten.
    - Hitler wollte Reichswehr für Expansionspläne umgestalten und nutzen.
- **30. Juni 1934 Röhm – Putsch.**
- Hitler und SS locken Röhm (Chef der SA), Spitzenfunktionäre und andere politische Gegner in Falle und erschießen sie.
- In Öffentlichkeit ist von Abwehr eines Putsches die Rede.
- Röhm – Putsch bildet zweierlei Einschnitt in Geschichte.
  1. Willkür des Maßnahmenstaates kann sich jederzeit gegen ehemalige Freunde richten und diszipliniert Menschen.
  2. Bildet gesellschaftliche Umgestaltung als Voraussetzung für Zusammenarbeit mit Industrie und Reichswehr.
- **Juni 1934** SS unter Himmler agiert mit Polizei, SD und Gestapo, löst „wilde Lager" durch KZs ab, startet systematische Verfolgungen.
- Himmler war „Reichsführer SS und Chef der deutschen Polizei".
- SS (Schutzstaffel) ersetzt SA und übernimmt staatlichen Aufgaben.
- Gestapo mit SS besetzt und zum entscheidenden Machtfaktor, obwohl Ordnungspolizei unangetastet blieb.
- SD (SS – Sicherheitsdienst) wertet Infos über mögliche Gegner aus und übermittelt sie Gestapo, die in Schutzhaft oder KZ schickt.
- **22. Juli 1934** Jüdische Jurastudenten werden nicht mehr zur Prüfung zugelassen.
- Nach Machtübernahme mit aktiver Bevölkerungspolitik nach Sozialdarwinismus begonnen.
- Um den **Kampf der Rassen** gewinnen zu können, soll arische Rasse gestärkt und vermehrt werden.
- Lebensunwertes Leben soll beseitigt und verhindert werden.
- **14. Juli 1934 Gesetz zur Verhütung erbkranken Nachwuchses.**
- Zwangssterilisation erlaubt, Pfleger und Bekannte müssen von Erbkrankheiten berichten.
- Katholische „**Bischofsvereinigung**" verurteilte zwar Anwendung des Arierparagraphen auf kirchliche Ämter, traute aber keine Paare wenn einer der beiden Jude war.
- Katholische Kirche intervenierte nicht zugunsten jüdischer Gemeinden, hielt nationalsozialistisches Gedankengut aus eigener Lehre fern.
- **1934 Bekennende Kirche** (BK) spaltet sich von DC ab und fordert Christentum ohne Unterschied der Rasse.
- Deutsche Christen (Evangelische Kirche, DC) lehnten sich an rassistische Lehre an.
- Evangelische Kirche spaltete sich in Deutsche Christen und Bekennende Kirche, welche von Bonhoeffer, Niemöller und Barth gegründet wurde.
  - Wehrten sich nicht großartig gegen Entlassungen jüdischer Pastoren.
  => Geistlicher Widerstand von Einzelnen getragen, als Institution nur schwach und halbherzig.
- **14. Juli 1934 Erbgesundheitsgerichte** entscheiden z.B. über Zwangssterilisation.
- **1. August 1934 Volksgerichtshof in Berlin nimmt Arbeit auf.**
- In Schauprozessen wurden politische Straftaten geahndet.
- **2. August 1934 Tod Hindenburgs.**
- Letzter symbolischer Schlusspunkt zur Sicherung von Hitlers Macht.
- Kabinette fügen Präsidentenamt und Kanzleramt zusammen.
  => Hitler erhält Titel **„Führer und Reichskanzler".**

- **1934 – 1938 Nürnberger Gesetze und systematische Ausgrenzung der Juden.**
- **2. Phase** der Entrechtung und Diskriminierung der Juden.
- **1935 Reichsarbeitsdienst** für 18 - 21 jährige Männer verpflichtend.
- Schneller Erfolg bei Bekämpfung der Arbeitslosigkeit.
- Frauenbild als Hausfrau und Mutter gezeichnet, Frauenarbeit wurde verpönt, sodass weibliche Arbeitsplätze in Hand von Männern gelangten.
- Allgemeine Wehrpflicht (2 Jahre) und Reichsarbeitsdienst entfernen 18 - 21 Jährige vom Arbeitsmarkt.
- Sparpolitik voriger Jahre aufgehoben und Arbeitsplätze durch Staatsausgaben und Steuersenkungen geschaffen.
- **13. Januar 1935 Saarabstimmung.**
- Volksabstimmung nach Versailler Vertrag, ob Saarländer sich an deutsches Reichs angliedern wollen.
- Stand unter internationaler Beobachtung, weshalb Wahl nicht manipuliert werden konnte.
- 90,3% der Saarländer entschieden sich für Angliederung, zeigt Erfolge der nationalsozialistischen Propaganda.
- **Ab Januar 1935** Nichtarische Ärzte bekommen keine Approbation und nichtarische Studenten werden nicht zu Prüfungen zugelassen.
- **1935 Reichsschriftleitergesetz** verbot Juden Redakteure zu sein.
- **5. Februar 1935** Jüdische Medizinstudenten werden nicht mehr zur Prüfung zugelassen.
- **Bis Februar 1935** Alle Juden aus **Reichskulturkammer** ausgeschlossen.
- An höheren Schulen wurden jüdische Schüler verdrängt und abgelehnt.
- Juden von Lehrern und Schülern gleichsam drangsaliert worden.
  => Es gab kein einheitliches Anti-Juden-Gesetz, sondern ca. 2.000 einzelne Erlasse.
- **16. März 1935 Einführung der allgemeinen Wehrpflicht.**
- Bruch mit wichtigster Bestimmung des Versailler Vertrages.
- Verlängerung der Dienstzeit in französischer Armee, Erneuerung des französisch-belgischen Militärabkommens als Vorwand gewählt um gegen alle Rüstungsbeschränkungen des Versailler Vertrages vorzugehen.
- **Friedenspräsenzstärke** der Armee auf 550.000 Mann festgesetzt.
  => Wegen unterschiedlichen Interessen Englands, Frankreichs und Italiens keine Abwehrfront.
- **18. Juni 1935 Deutsch-britisches Flottenabkommen.**
- Deutschland darf auf 35% der englischen Flottenstärke aufrüsten.
- England verstößt somit selbst gegen den Versailler Vertrag.
  => Angst vor Krieg wächst, darum Besänftigung und Kontrolle gesucht.
- **15. September 1935 „Nürnberger Gesetze“.**
  → Aufhebung der Juden-Emanzipation.
- **15. September 1935 Reichsbürgergesetz** macht Reichszugehörigkeit vom Blut abhängig.
- **Reichsbürgergesetz** griff gravierend in Lebensgestaltung der Juden ein.
- Ausschluss aus einigen Berufsgruppen (Notare, Beamte, Ärzte, Rechtsanwälte) und öffentlichem Leben sowie finanzielle Repressalien gefordert.
  => Teilt Bevölkerung in 2 Klassen auf: „nichtarische Staatsangehörige" und „arische Reichsbürger".
- **„Vierteljuden"** besitzen ein jüdisches Großelternteil und können mit Einschränkungen in Volksgemeinschaft integriert werden.
- Reichswehr würde durch Ausschluss von 308.000 Vierteljuden erheblich an Substanz verlieren.
- **„Halb-"** oder **„Volljuden"** durften nur Juden heiraten.
- Auch Vierteljuden, die mit Juden verheiratet waren gehörten dazu und wurden **Geltungsjuden**

14

genannt.

=> Menschenverachtende Bestimmungen gaben **ab 1941** Ausschlag über Leben und Tod.

- **15. September 1935 Gesetz zum Schutz des deutschen Volkes und deutscher Ehe.**
  - Ehen zwischen Juden und Ariern werden verboten und aufgelöst.
  - Vorehelicher Geschlechtsverkehr zwischen Juden und Ariern wird unter Strafe gestellt.
  - Juden dürfen Reichsflagge nicht hissen.

  => Nürnberger Gesetze bilden pseudolegale Grundlage zur Diskriminierung und Verfolgung.

  => Politik sollte Judenfrage durch Vertreibung ins Ausland lösen.
  - 300.000 Juden konnten fliehen.
  - Andere konnten wegen geringem Vermögen oder Aufnahmestopps des Auslands nicht fliehen.
- **3. Oktober 1935 Abessinienkrieg.**
  - Italien greift Königreich Äthiopien an, Völkerbund verhängt wirtschaftliche Sanktionen.
    - Deutschland unterstützt Italien, führt zur Annäherung beider.

    => Fokus der Westmächte wieder auf Afrika gelegt.
- **14. November 1935** Jüdische Beamte werden entlassen.
- **April 1936 – März 1939 Spanischer Bürgerkrieg.**
- **1936** Regierungswechsel in Spanien.
- Kommunisten, Sozialisten und Liberale schließen sich zusammen, gewinnen Wahl.
- Großgrundbesitzer, Kirche und Militär sind besorgt, dass sich Spanien wie Sowjetunion entwickelt.
- 5 Generäle putschen Regierung, besetzen südspanische Gebiete.
  - → Franco, einer davon, zum Regierungschef ernannt.
- **7. März 1936 Besetzung der entmilitarisierten Zone im Rheinland.**
- Westmächte auf Afrika fixiert, darum griff Hitler durch.
  - Wollte Schutz vor französischen Vergeltungsschlägen, wenn er östliche Nachbarn politisch oder militärisch unter Druck setzt.

  => Starker Bruch mit Versailler Vertrag, Intervenieren der Siegermächte durch Friedensrede Hitlers unterbunden.
  - Reaktionen der Siegermächte gering: Frankreich innenpolitisch gelähmt, England erkannte Forderung nach deutscher Souveränität an.
- **15. April 1936** Jüdische Journalisten dürfen nicht mehr arbeiten.
- **April 1936** Regierungstreue Truppen in Spanien greifen nationalistische Regierung an und es kommt zum **Bürgerkrieg.**
- 500.000 Opfer (Inhaftierung, Hinrichtung, Folter) unter unvorstellbaren Grausamkeiten.
- Sozialistische Hochburgen in Katalonien und Baskenland hartnäckig umkämpft.
- **August 1936 Olympische Spiele in Berlin.**
- Außergewöhnliches Spektakel von Deutschland inszeniert.
- Während den Spielen wurde spanischer Bürgerkrieg unterstützt.
  - Ursprünglich wurde während Olympischen Spielen in Griechenland Frieden gehalten.
- Dunkelhäutige gewannen und Deutschland konnte nichts dagegen machen.
- **Zeitraum um August 1936** nicht von spektakulären antijüdischen Aktionen geprägt.
- Olympische Spiele bedeuteten Prestigegewinn, welcher nicht beeinträchtigt werden sollte.
- Aufenthaltsverbotsschilder für Juden wurden entfernt, einige Juden mussten in Nationalmannschaft aufgenommen werden.
- **Nach den Olympischen Spielen** ging Verdrängungsprozess weiter.
- **Oktober 1936 Geheimer Vierjahresplan** fügt KZs ökonomische Funktion hinzu.
- Gefangene durften an Unternehmen „ausgeliehen" werden oder arbeiteten für SS eigene

Unternehmen.

→ Vermögen und Machtgefüge der SS stieg stark an, doch blieb Lage der Gefangenen katastrophal.

- **In vier Jahren** soll Wirtschaft kriegsfähig und Wehrmacht einsatzbereit sein.
- Soll staatliche Wirtschaftspolitik systematisch auf Krieg vorbereiten.
  - Schnellstmögliche Aufrüstung Deutschlands und Autarkie durch Ersatzprodukte und Eroberung neuer Gebiete.
- **Oktober 1936 Hitler über den Vierjahresplan (160/M4).**
- Deutschland ist Brennpunkt des Okzidents gegenüber bolschewistischen Angriffen.
  - Keine erfreuliche Mission, sondern unvermeidliche Belastung des deutschen Volkes.
- Nur Italien und Deutschland stehen Bolschewismus standhaft gegenüber.
  - Andere Staaten sind von Demokratie zersetzt, marxistisch infiziert und vorbestimmt zu verfallen.
    → Typische Krankheitsvergleiche.
    => Es muss gegen Bolschewismus gekämpft werden, aber nur Deutschland, Italien und Japan sind dazu fähig.
- Krieg wird stattfinden, es ist Deutschlands Aufgabe sich mit allen Mitteln zu schützen.
  - Daraus ergeben sich wichtigste Aufgaben des deutschen Volkes.
    => Sieg der UdSSR über Deutschland würde zur Ausrottung des Volkes führen.
    => Höchste Priorität diese Gefahr abzuwenden.
- Ausgeglichenes Lebensbild soll herrschen, aber in gewissen Zeiten ist Verschiebung zuungunsten lebensunwichtigerer Aufgaben notwendig.
- Kein Mittelweg oder Kompromiss; wenn Reichswehr nicht gut ausgebildet ist, ist deutsches Volk verloren.
- Deutschland ist überbevölkert und muss hungern.
- Aufgabe der Politik Lebensraum, Ackerfläche und Rohstoffe zu beschaffen.
  => Nationale Wirtschaft soll in 4 Jahren vom Ausland unabhängig sein.
  - Deutsche Regierung wird deshalb vom Volk große Opfer verlangen, wofür sie im Gegenzug handelt und nicht bloß redet.
- 4 Jahre nach Machtergreifung zeigt sich Abhängigkeit Deutschlands zum Ausland.
  → Grund, warum Vierjahresplan sofort beginnt.
- Plan umfasst 2 wichtige Punkte:
  - In 4. Jahren muss Reichswehr einsatzfähig sein.
- In 4 Jahren muss deutsche Wirtschaft kriegsfähig sein.
- **25. November 1936 Anti-Komintern-Pakt.**
- Deutschland und Japan schließen **Militärabkommen**, Italien tritt später bei.
- Staaten verbünden sich gegen Sowjetunion.
- Faschistische Staaten suchen neuen Lebensraum , Japan will Hegemonialstellung in Asien behaupten.
  => Grundkonstellation des Zweiten Weltkrieges zeichnet sich ab.
- **Hitler über die Jugenderziehung (157/M18).**
- Schwaches und Zärtliches der Jugend muss weichen.
- Hitler fordert grausame, gewalttätige, herrische, unerschrockene Jugend, die Schmerzen ertragen kann.
  → Wird sie in allen Leibesübungen ausbilden lassen.
- Raubtier soll wieder aus Jugend blitzen.
  => Nur so kann Hitler Neues schaffen.
- Intellektuelle Erziehung verdirbt Jugend, ist nicht gewollt.

- Jugend soll Spieltrieb folgen, Beherrschung lernen.
  - → Todesfurcht besiegen lernen.
  - => Will heroische Jugend formen, zu Gottmenschen gestalten (Herrenrasse).
- Jugend soll auf kommende Stufe der männlichen Reife vorbereitet werden.
  - => Werte (der kurzen Weimarer Republik) werden umgekehrt; Gewalt wird verherrlicht.
  - => Hitler hat sich Vieles selbst beibringen müssen, darum gegen Bildung.
- **1. Dezember 1936 Gesetz über die Hitlerjugend (156/M17).**
- Zukunft Deutschlands liegt in Händen der Jugend, deshalb mit Pflichten vertraut machen.
  1. **Hitlerjugend wird zur Pflichtorganisation.**
  2. Jugend soll gemäß der nationalsozialistischen Ideologie zum Dienst am Volk und Volksgemeinschaft erzogen werden.
     - → Gedanke der Volksgemeinschaft, Individuen werden angeglichen.
  3. Reichsjugendführer erzieht Jugend, ist direkt Führer unterstellt.
     - → Jugend wird von Jugend erzogen, Reichsjugendführer meist Mitte 20 Jahre alt.
     - => **Baldur von Schirach als Fanatiker.**
     - → Direkt unter Hitler zu stehen betont Wichtigkeit und Autorität des Reichsjugendführers.
  4. Um diese Beschlüsse durchzuführen erlässt Führer Verwaltungsvorschriften und Rechtsverordnungen.
     - → Kontrolle von Hitler.
- **1936 Staatenbund** zwischen Deutschland und Italien.
- **1936 – 1939 zweite Phase der nationalsozialistischen Außenpolitik.**
- **1936 – 1938 „große Säuberungen" in Sowjetunion.**
- Lenin Anhänger wurden in Zwangsarbeitslager gesteckt.
  - → Parallelen zur französischen Revolution (ehemalige Revolutionsakteure am Ende selbst hingerichtet worden).
- Stalins Diktatur und Machtanspruch durch Leninismus gefährdet.
- **14. März 1937 Enzyklika „Mit brennender Sorge" von Papst Pius XI.**
- Verurteilt deutsche Übergriffe an Priestern, Nonnen und Mönchen.
- **15. April 1937** Juden bekommen keine akademischen Titel mehr.
- **Herbst 1937** Neugestaltung Berlins **(Weltstadt Germania)** beschlossen.
- **September 1937** SD und Gestapo legen detaillierte **Judenkartei** an.
- **1937 sino-japanischer Krieg.**
- Brutales, extremes Vorgehen gegen chinesische Zivilbevölkerung.
- **1937** Östlicher Teil Oberschlesiens steht seit **1922** unter *Minderheitenschutz* der Genfer Konventionen, welche nun auslaufen.
- Alle Juden wurden von Arbeitsstellen entlassen.
  - Jüdische Ärzte und Rechtsanwälte durften noch Juden betreuen.
- Weil **Diskriminierungsgesetze** nicht auf Konfessionszugehörigkeit sondern auf Rassismus beruhten, wurden viele christliche Juden in Kirchen isoliert, obwohl gegen christliche Nächstenliebe.
- Sympathie und Skepsis hielt sich bei katholischer Kirche in Waage, doch als Übergriffe wachsen, wächst auch Unmut.
- **28. September 1937** Mussolini spricht von vielen Gemeinsamkeiten des deutschen und italienischen Systems.
- **5. November 1937 Hoßbach – Niederschrift.**
- Hitler legt seine Kriegspläne offen
  - Bevor man sich Westen widmet, muss Österreich und Tschechoslowakei ausgeschaltet werden.

- ▪ Bediente sich Doppelstrategie aus Drohung und Beschwichtigung.
- ▪ Rechnet mit passiver Gegnerschaft Englands.
- **5. November 1937 Hoßbach Niederschrift (166/M1).**
- Deutsches, politisches Ziel: Vermehrung, Sicherheit, Erhaltung.
- Deutscher Siedlungsraum so dicht besiedelt wie nirgendwo sonst.
  => Mehrjährige Entwicklung, größte Gefahr für Erhaltung.
- Abhilfe könnte Gewinnung neuer Gebiete schaffen.
- Hauptgrund der Staatsbildung.
- Ausland hat kein Interesse an Expansion, da gesättigt.
- Um Autarkie zu ermöglichen muss Lebensraum in Europa gesucht werden, nicht in Kolonien.
- Nicht Gewinnung von Menschen, sondern Gewinnung von landwirtschaftlicher Nutzfläche und Rohstoffgebieten im Vordergrund.
  → Angst, dass Deutschland hungern müsse.
  => Lehnt sich gegen die Werte und Errungenschaften des Industriezeitalters.
- Mitte in Europa versetzt Deutschland in günstige Expansionslage.
  => Es ist klar, dass Krieg bevorsteht.
- Anlehnung an historisch-preußischen Expansionsbestrebungen.
- Gewalt sei notwendig um deutsches Volk zu schützen, Krieg ist unausweichlich.
  => Frage nicht ob, sondern wann und wie.
- **6. November 1937 Italien tritt Anti-Komintern-Pakt bei.**
- **1937** Bereits 197.419 Männer und Frauen wurden zwangssterilisiert.
- **Bis 1938** Bevölkerung mit Revisionspolitik beeindruckt, welche Hitler aufrecht hielt um Expansionspläne zu verschleiern.
- Weltpolitik beruhte auf rassistisch-sozialdarwinistischer Vorstellung andere Rassen wegen benötigtem Lebensraum zu verdrängen.
- Lebensraum im Osten sollte erschlossen werden, Einheimische getötet oder versklavt worden.
- Hitler wollte Deutschland auf Krieg vorbereiten, deshalb mehrmals mit Versailler Vertrag gebrochen.
- Wollte aber Siegermächte beruhigen um Zeit für Aufrüstung zu haben.
  => Deutsche Außenpolitik vom Wechselspiel aggressiver Machtausdehnung und Besänftigung des Auslandes durch Betonung des Friedenswillen gezeichnet.
- Brüning und Stresemann veranlassten Siegermächte Zugeständnisse im Versailler Vertrag zu machen, darum wurden Hitlers Überschneidungen hingenommen.
- **Innenpolitische Krisen** Frankreichs und Englands lenkten Fokus von Hitlers Politik ab.
- Frankreich musste gegen Wirtschaftskrise und Auseinandersetzungen zwischen Gegnern und Befürwortern der Volksfront des sozialistischen Premierministers Blum vorgehen.
- England musste Industrie modernisieren und Unabhängigkeitsbestrebungen der Kolonien entgegenwirken.
  => **Deshalb Appeasementpolitik angewandt.**
  => Weder Frankreich noch England konnten sich auf deutsche Politik konzentrieren, hatten kein Geld mehr für Aufrüstung.
- **1938** Propagandafeldzug beginnt, in welchem auf **hohe Kosten von Behinderten** hingewiesen wird.
- **1938** Gestapo hat fast alle Widerstandsgruppen aufgespürt und zerschlagen.
- **1938 – 1941 Einengung und Kontrolle der jüdischen Lebensverhältnisse.**
- 3. Phase der Entrechtung und Diskriminierung der Juden.
- **11. März 1938 deutsches Ultimatum an österreichischen Bundeskanzler.**
- Hitler werde Volksabstimmung zur Annexion einberufen, wenn Regierungsgeschäfte nicht an DNSAP übergeben werden.

- **12. März 1938 Einmarsch deutscher Truppen in Österreich um für Ruhe und Ordnung zu sorgen.**
- Österreich übergab Regierungsgeschäfte an DNSAP (Ableger der NSDAP), welche Deutschland um Hilfe bat.
- **14. März 1938 Anschluss Österreichs an deutsches Reich.**
  - => Wiedervereinigung zelebriert, Ostmark wieder Teil des deutschen Reiches.
- Gravierender Bruch mit Versailler Vertrag, da Regierungsgeschäfte von Deutschland abgewickelt wurden.
- Schwache Proteste des Auslandes versicherten Hitler weitere außenpolitische Aktionen ohne Gefahr durchführen zu können.
- **26. April 1938 Jüdische Vermögen über 5.000 Mark müssen angemeldet werden.**
- **6. Juli 1938 Juden wird untersagt Maklerverträge, Auskunftsdateien, Heiratsvermittlungen und Hausverwaltungen zu betreiben.**
- **23. Juli 1938 Ankündigung von Kennkarten für Juden.**
- **25. Juli 1938 Berufsverbot für jüdische Ärzte.**
- **17. August 1938 Juden müssen zusätzlich Sarah/Israel heißen.**
- **12. September 1938 Hitler über Sudetenkrise (167/M3).**
- Sofortige Vergeltung gefordert, da Tschechoslowakei sonst zur Überheblichkeit gereizt werde (Tschechische Militärmanöver an deutscher Grenze als Provokation angesehen).
- Stellt Tschechen als unversöhnliche Feinde dar.
  - => Hitler will kein friedliches Beisammensein.
- Deshalb wurden Reichswehr und Luftwaffe verstärkt und aufgerüstet.
- Militärische Befestigungen werden an westlicher Grenze gebaut.
  - => Hitler will dadurch Frieden sichern, nimmt Unterdrückung der Sudetendeutschen aber nicht hin.
- Kritisiert demokratisches Verhalten der tschechischen Regierung.
- Deutschland fordert höchstes Recht, Selbstbestimmungsrecht der Völker, welches verletzt wurde.
  - => Sudetendeutsche wurden zwar von Gesellschaft gemieden, aber nicht politisch unterdrückt.
- Deutschland fordert nicht 3,5 Millionen Menschen unterdrücken zu dürfen, sondern Unterdrückung von 3,5 Millionen Deutschen zu beenden.
  - => Interessiert sich nicht für andere Minderheiten in Tschechien.
  - => Verdrehung der geschichtlichen Tatsachen, da es in Deutschland keine so großen Minderheiten zum Unterdrücken gäbe.
- Hitler will keine Bevorzugung der Sudetendeutschen (Autonomie etc.), sondern deren Freiheit.
- Vergleicht Situation mit Palästinakonflikt und stellt sich auf Seiten der "armen Araber".
- **26. September 1938 Hitlers Rede im Berliner Sportpalast (169/M4).**
- Hitlers letzte Forderung nach europäischen Territorien ist Sudetenland.
  - → Unabdingbare Forderung, Vergleich zum Vorgehen in Österreich.
- Österreichischer Bundeskanzler war gegen Annexion, wurde durch Reichswehr dazu gezwungen.
  - → Hitler habe nur sein Versprechen eingelöst.
- Ruft Unterstützung Gottes an → Arischer Außerwähltheitsgedanke wird deutlich.
- Hat Chamberlain deutschen Friedenswillen und Ende der territorialen Expansion dargelegt, wenn Sudetenland annektiert werde.
- Kein Interesse an restlicher Tschechoslowakei, da keine Tschechen in Deutschland gewollt.
  - => Hitlers Geduld ist zu Ende, will Unterdrückung beenden.
- Tschechische Regierung hat Entscheidung zwischen Frieden oder Krieg in Hand.

=> Ruft zur Problemlösung auf, lässt Tschechen aber keine Zeit, weshalb Annexion schon vorher feststand.

→ Zeigt Abneigung gegenüber Demokratie.

- Drohung am Ende, Benesch solle wählen, obwohl Angriff bereits beschlossen wurde.
- Hitler nutzte geschickt Selbstbestimmungsrecht der Völker um Sudetenland an Deutschland anzugliedern.
- Italien verzichtete auf Südtirol, näherte sich weiter an Hitler an.
- **29. September 1938 Münchner Vier Mächte Konferenz.**
- Von Mussolini initiiert, zwischen Deutschland, Italien, England und Frankreich.
- Mächte stimmten **Angliederung des Sudetenlandes** an Deutschland zu.
  - Hitler nutzte geschickt Selbstbestimmungsrecht der Völker aus.
- Ohne Kooperation mit Tschechoslowakei einigte man sich auf neue Grenze.
  => Es schien in Öffentlichkeit, dass England und Frankreich Frieden gewahrt haben.
- Sudetenland hatte **hohen strategischen Wert,** da tschechisches Festungssystem nun in deutschen Händen lag.
- **29. / 30. September 1938 Münchener Abkommen (169/M5).**
- Abtretung des Sudetenlandes soll unter folgenden Bedingungen ablaufen.
- Keine Frage ob, sondern lediglich wie.
- Tschechische Regierung hat keinerlei Mitspracherecht, nicht einmal anwesend.
  1. Räumung der tschechischen Regierung am **1. Oktober.**
  2. Ende ist **10. Oktober.** Tschechische Regierung ist verantwortlich dafür, dass vorhandene Institutionen nicht beschädigt werden.
  4. Besetzung durch deutsche Truppen beginnt am **1. Oktober.**
  8. Tschechoslowakei muss 4 Wochen nach heutigem Tag alle Sudetendeutsche von militärischen und politischen Verbänden entlassen.
  Des Weiteren sollen alle, wegen politischer Delikte gefangene Sudetendeutschen freigelassen werden.
  → Inhaftiert, wegen nationalsozialistischem Gedankengutes.
  Zusatzartikel: Internationale Grenze der Tschechoslowakei von England und Frankreich gesichert und beschützt.
  → Hitler wird dies später missachten.
- **29. September 1938** Berufsverbot für jüdische Rechtsanwälte.
- **5. Oktober 1938** Reisepass von Juden mit großem „ **J** " gestempelt worden.
- **Oktober 1938** Rede Hitlers vor der Reichswehr fordert „**Erledigung der Resttschechei.**"
- **7. November 1938** Jude war empört über Deportation seiner Familie und verletzte Legationssekretär tödlich.
- **9. / 10. November 1938 Reichskristallnacht.**
- Goebbels und **Reichspropagandaministerium** veranstalteten als Reaktion auf Ermordung des Legationssekretärs.
- Synagogen angezündet, Geschäfte gebrandschatzt, Juden aus Wohnungen vertrieben, ermordet und verschleppt.
- **11. November 1938** Presse nennt Reichskristallnacht **Ausdruck „gerechten Zorns".**
- Juden sollten Unordnung der Reichskristallnacht selbst aufräumen und **1 Milliarden Mark Sühneleistung** für Ermordeten entrichten.
- Schon vorm Zweiten Weltkrieg gab es Gegner von Hitlers Plänen in Reichswehr.
- **1938** Entlassung des Generals Ludwig Beck schwächt Widerstand der Opposition in Reichswehr.
- Wende des Krieges lässt Widerstand in Reichswehr wachsen.

- Jedoch schirmt sich Hitler mehr von Öffentlichkeit ab.
- **17. Januar 1939** Berufsverbot für jüdische Zahn- und Tierärzte, sowie Apothekern.
- **14. März 1939 Slowakei und Karpaten-Ukraine erklären Unabhängigkeit.**
- Innenpolitische Probleme der Tschechoslowakei verstärkten sich durch Abtretung des Sudetenlandes.
- **15. März 1939 Reichswehr marschiert in Tschechoslowakei ein.**
- Tschechischen Staatspräsidenten zur Unterzeichnung eines Vertrages gezwungen.
- Westlicher Teil als **Protektorat Böhmen und Mähren** an Deutschland angegliedert, Slowakei wurde politisch abhängiger Satellitenstaat.

  => Gebiet der Tschechoslowakei war besonders günstiger **Aufmarschplatz** für Einmarsch in UdSSR oder Polen.

  => Tschechoslowakische Industrie konnte deutsche Rüstungswirtschaft unterstützen.
- Hitler konnte Annexion der Tschechoslowakei nicht mehr mit Selbstbestimmungsrecht der Völker rechtfertigen.

  → **Ende der Appeasementpolitik.**
- Internationale Garantien auf Unabhängigkeit Polens, Griechenlands und Rumäniens.
  - Angriff auf Polen führte deshalb zum Zweiten Weltkrieg.
- **März 1939** Madrid ergibt sich Truppen Francos.

  => Franco an Macht, Oberbefehlshaber der Truppen und Caudillo (Führer) geworden.
- Franco baute Macht weiter aus und ging streng gegen Opposition vor (Konzentrationslager).
- Wollte Spanien einheitlich und stark machen, daher keine Demokratie oder regionale Selbstständigkeit.
  - Katalonien und Baskenland hatten eigenständige Politik und Sprache, was Franco missfiel.
- Bürgerkrieg in Spanien war Krieg der Weltanschauung mit Internationalisierung.
- Deutsche und italienische Truppen kämpften für Nationalisten.
- Freiwillige aus mehreren Ländern kämpften mit sowjetischen Waffen für spanische Republik.

  → Faschismus wurde zum Sammelbegriff für alle autoritären, rechten Diktaturen.
- Historiker streiten, ob Diktaturen unter Begriff *„Faschismus"* zusammengefasst werden können, weil nationale Unterschiede sehr groß sind.
- Italiens Faschismus wurde zum Vorbild für Europa.
- Mussolini spricht von vielen Gemeinsamkeiten des deutschen und italienischen Systems.
- Folgende Gemeinsamkeiten des Faschismus.
- Volk war radikal, nationalistisch und chauvinistisch.
- Bekämpfen sowohl Demokratie / Liberalismus, wie Kommunismus / Sozialismus.
- Aggressive, expansive Außenpolitik.
- Militärische Erziehung des Volkes (Wehrtauglichkeit, Disziplin, Gehorsam, Opferbereitschaft).
- Sprechen Gefühle an, nicht Verstand (durch Symbole und Veranstaltungen).
- An Spitze unfehlbarer, nahezu gottgleicher Führer.
- Nationalliberale und Konservative in Deutschland finden Gefallen am italienischem Modell.
- Zeitgenossen loben Diktatur, da zerstörerische Kräfte des Sozialismus überwunden und Ehre / Disziplin der Nation herstellte.
- **Zukunftsoptimismus** herrscht vor, Volk war zufrieden, Infrastruktur und Industrie wurde aufgebaut.

  => Wie Bismarck Deutschland schmiedete, hat Mussolini Italien geschmiedet.
- Franco wurde im Bürgerkrieg zwar von Hitler und Mussolini unterstützt, näherte sich ihnen aber nicht an.
- **22. März 1939 Litauen tritt Memelland „freiwillig" an Deutschland ab.**
- Zerschlagung der Tschechoslowakei zeigt deutsche Kursänderung in Außenpolitik.

- Deutschland fühlte sich stark genug, um sich von Friedensrhetorik zu offenen Provokationen zu wenden.
- Appeasementpolitik scheiterte, man versuchte verzweifelt aufzurüsten.
- **30. April 1939** Juden mussten in Judenhäuser ziehen.
- **4. Juli 1939** Nichtarier müssen Reichsvereinigung der Juden beitreten.
- **23. August 1939 Hitler Stalin Pakt.**
- **Öffentliche Seite**: Im Kriegsfall bleiben beide Mächte neutral.
- **Geheime Seite**: Interessensphären in Polen abgesteckt, Deutschland bekommt westlichen, Russland östlichen Teil (Grenze ist heutige Grenze Polen ↔ Weißrussland).
  => Pakt verunsicherte viele Zeitgenossen und entmutigte deutsche Kommunisten.
  - Viele deutsche Kommunisten flohen in UdSSR und wurden nun ausgeliefert.
- Deutschland wollte UdSSR mit Polen beschäftigen, während es Frankreich besiegte um Zeit zu haben sich gegen Angriff auf UdSSR vorzubereiten.
- **1. September 1939 Formales Schreiben Hitlers wird Grundlage der Euthanasie.**
- Erlaubt Ärzten „Gnadentod" bei unheilbar Kranken durchzuführen.
- Nicht nur Geisteskranke, sondern auch chronisch Kranke durch Gift/Gas hingerichtet worden.
  → Dennoch wurde Tötung von Tarngesellschaften übernommen.
  - Euthanasie lief unter **Decknahmen „T4"** und von **Tarngesellschaften wie „Gemeinnützigen Krankentransport GmbH"** übernommen.
- **Euthanasie** konnte nicht geheimgehalten werden, Abtransporte waren zu auffällig.
- Widerstand im Volk wächst: Psychatrieleiter von Bodelschwingh weigert sich Kranke abzutransportieren, katholischer Priester von Galen bezichtigte Regierung in Predigten des Mordes.
- Um **Staatsschulden** zu verschleiern, erfand man neue, künstliche Währung: **"Mefo - Wechsel"**.
- Reichsbank und 4 große Rüstungskonzerne gründen Scheinfirma *"Metallurgische Forschungs-GmbH"* (Mefo).
- Mefo vergab Rüstungsaufträge gegen Wechsel, deren Umtausch in echtes Geld von Reichsbank garantiert wurde.
- **Ende 1939** über 14,5 Mrd. Reichsmark Scheinwährung über Mefo - Wechsel geschaffen.
  => Mefo Wechselsystem hatte keine Zukunft, weshalb am Ende Krieg stehen musste, Auszahlung mit Kriegsbeute.
- **1. September 1939 Reichswehr greift Polen an, Zweiter Weltkrieg beginnt.**
- Ohne Kriegserklärung oder Vorwarnung.
- Nach 3 Wochen ist Deutschland an die im **Hitler-Stalin - Pakt** vereinbarte Grenze angelangt, Feldzug war beendet.
  - Posen und Westpreußen wurden an Reich angegliedert, Warschau und Lublin als Generalgouvernement unter deutsche Verwaltung gestellt.
- Japan beginnt zeitgleich mit europäischen Krieg Angriff auf französische Kolonien.
- **Totaler Krieg:** Jeder Mensch muss mithelfen, soweit er kann (Kämpfen, Waffen herstellen, stricken etc.).
- **1. September 1939** Ausgehverbot für Juden ab 21 Uhr (Winter 20Uhr).
- **3. September 1939** Frankreich und England erklären Deutschland Krieg ohne Polen zu helfen.
- **20. September 1939** Juden müssen Rundfunkgeräte abliefern.
- **Anfang Oktober 1939** Himmler wird mit rassischen Säuberung Polens beauftragt.
  => Bevölkerung war entsetzt über Krieg, da Schrecken des Ersten Weltkrieges noch tief im Gedächtnis verankert waren.
- **8. November 1939** Georg Elser verübte Attentat auf Hitler ohne Verbindungen zu

Widerstandsgruppen.
- Zeigt, dass Einzelmaßnahmen auf Mut und Integrität Einzelner beruhen.
- **1939** Italien unter Mussolini erobert Albanien.
- **1939 – 1945** Kriegsproduktion sorgt für Vollbeschäftigung in USA.
- **1939 - 1940 Phase der Blitzkriege in Europa.**
- **1939/40** russische Landwirtschaft hat Produktionsniveau von **vor 1928** wieder erreicht.
- **Bis 1939** unterstützte oder akzeptierte Bevölkerung nationalsozialistische Regierung.
- Es gab aber einige Einzelpersonen und Gruppen, welche Widerstand leisteten.
- Angst vor persönlichem Umfeld, da Widerstand missachtet und melden konnte.
- „Widerstand ohne Volk", da Mehrheit für Nationalsozialismus war.
- Widerständler konzentrierten sich auf Beeinflussung des Volkes oder auf bessere Zeit für Widerstand.
- Ca. 20.000 – 30.000 systematisch organisierte Widerständler, die meist von Gestapo aufgespürt und zerschlagen wurden.
- Widerstand erfolglos, doch zeigte es Zeitgenossen und Nachfahren rückhaltloses Eintreten für Menschen- und Freiheitsrechte der Deutschen.
- **Widerstand** aus Angst vor Todesstrafe oder KZ-Haft nicht offen geäußert.
- Zeigt sich in Art wie am „Heil Hitler" sagte oder vor Fahne salutierte.
- Reichte von privaten, kritischen Gesprächen über erzählen von Flüsterwitzen bis hinzu Hören verbotener Radiosender, Nichtteilnahme an staatlichen Umzügen, versteckter Hilfe der Verfolgten, Sabotage bei Rüstungsproduktion und Verteilung von Flugblättern.
  → Führte zur Verfolgung von zufälligen Fehlinterpretationen.
- Heutige Forschung versucht Begriff „Widerstand" abzugrenzen.
- Peukert unterscheidet zwischen:
  Unangepasstes Verhalten, Verweigerung, Protest, Widerstand
- Unterschied zwischen **Resistenz** (Widerständigkeit) und **Widerstand** (organisiert, zielgerichtet, systematisch gegen Regime).
- Unangepasstes Verhalten am verbreitetsten innerhalb von Familien und in Jugendgruppen.
  - Kölner Edelweißpiraten verteidigten Lebensgefühl und Kultur gegen Staatsdoktrin und Hitlerjugend.
  - Gestapoberichte beklagen Jugendliche, die zu **Negermusik** (amerikanischem Swing) tanzen.
  - Jugendgruppen schlossen sich Widerstandsgruppen an, verteilten Flugblätter und schrieben Parolen an Wände.
- Übergänge zwischen unangepasstem Verhalten, Verweigerung und Protest fließend.
- Münchner Studentengruppe Weiße Rose unter Hans und Sophie Scholl entstanden.
  - Lehnten Ideologie und Herrschaftssystem der Nazis ab sowie geistige Bevormundung und Diktatur.
  - Riefen zur Verweigerung des Vernichtungskrieges auf.
- Formen der Verweigerung zeigen sich auch im Festhalten alter Bräuche.
- Besonders in katholischen, ländlichen Regionen ausgeprägt.
- Einzelpersonen und Gruppen wollten nationalsozialistischen Einfluss verdrängen und mit Sabotage untergraben.
- Bürgerlicher Widerstand auf grundlegende Ablehnung der Nazis begründet.
- Lockere Struktur ermöglicht Zusammenführung verschiedener Menschen.
- Kreisauer Kreis vereint christliche Politiker, Sozialdemokraten, hohe Offiziere und Diplomaten.
- Erwarteten Niederlage im Krieg und wollten konservativen Ständestaat aufbauen.
- Goerdeler Kreis vereinte Politiker, Gewerkschaftler und Mitglieder der Bekennenden Kirche.
- Pflegten Kontakt zu Widerständlern in Armee und Politik, planten Staatsstreich.
  => Goerdeler und Kreisauer Kreis planten Neuordnung Deutschlands trotz großer innerer

Meinungsverschiedenheiten.
- **12. Februar 1940** Deportation der Juden in östliche Zwangsghettos.
- **April - Juni 1940** Besetzung Dänemarks, Norwegens und Frankreichs.
- Norwegen wegen Bodenschätzen, Dänemark um anderen Weg nach England zu haben.
- Nördlicher Teil von Frankreich wurde besetzt, südlicher Teil unter **Marionettenregierung** gestellt.
- **22. Juni 1940 Kapitulation Frankreichs.**
- Weckt Hoffnung auf baldiges Kriegsende.
- **Juli - November 1940 Luftschlacht um England.**
- Churchill reagierte nicht auf deutsche Bündnispartneranfragen.
- Luftwaffe bombardiert England, kann Insel nicht einnehmen und gibt auf.
- **19. Juli 1940** Juden dürfen keine Telefone besitzen.
- **1940** Stalin lässt Trotzki im mexikanischen Exil ermorden.
- **1940/41** Sehr hohe Getreideproduktion in Sowjetunion, da Staat Bauern nur Nötigstes überlässt und gesamtes Getreide für Versorgung der Städte und Aufbau der Industrie nutzte.
- **März 1941** deutsche Truppen unterstützen Italien in Nordafrika.
- **April - Juni 1941 Südeuropafeldzug.**
- Jugoslawien und Griechenland erobert und besetzt worden.
- **Deutsche Besatzungspolitik**
- Arier aus neuen Gebieten sollten umgezogen werden und in *„Großgermanisches Reich deutscher Nation"* angegliedert werden.
- Slawische Völker sollten versklavt oder vertrieben werden, dafür nur gering gebildet.
  => Behandlung der Bevölkerung in besetzten Gebieten war willkürlich.
- Besatzungsverbrechen von Wehrmacht umstritten.
- **18. Februar 1941** Arbeitsfähige Juden müssen zum Arbeitsdienst gehen.
- **Sommer 1941** Bischof Kardinal Graf von Galen predigt gegen Euthanasieprogramm.
  → Höhepunkt der katholischen Opposition.
- **22. Juli 1941 Reichswehr greift UdSSR an.**
- Hitler-Stalin-Pakt wird damit hinfällig.
- Hinter Front löscht SS slawische und jüdische Bevölkerung aus.
  → SS nimmt zentrale Rolle ein.
- Reichskommissariate Ostland und Ukraine zur Vertreibung / Vernichtung und deutschen Besiedlung geschaffen.
- **23. August 1941 Hitler ordnet offizielles Ende des Euthanasieprogrammes an.**
- Programm geheim weiter geführt, insgesamt 70.000 Opfer.
  → Zeigt, dass Opposition Regime doch beeinflussen kann.
- Bevölkerungsgruppen, die nicht in Volksgemeinschaft passen (Zeugen Jehovas, Homosexuelle, Kriminelle, Sinti und Romas) in KZs verschleppt.
- **Spätherbst 1941** Durch kalte Temperaturen erfroren viele Soldaten, Waffentechnik versagte im Russlandfeldzug.
- **1941 – 1945 Shoah.**
- 4. Phase der Entrechtung und Diskriminierung der Juden.
- Viele Juden sterben unter katastrophalen Bedingungen in KZs und aufgrund der Massenvernichtung.
- Neue antisemitische Gesetze sollen auf Deportation nach Osten und Shoah vorbereiten.
  => Bei Deportation der jüdischen Christen gab es keinerlei Widerstand christlicher Kirchen.
- **Herbst 1941 Ausreiseverbot** für Juden aus deutschem Reich.

- **1. September 1941** Judenstern eingeführt.
- **10. Oktober 1941** Befehl des Oberbefehlshabers der 6. Armee über Verhalten der Truppe im Ostraum **(WK2/M1)**.
- Zeil des Ostfeldzuges: Völlige Zerschlagung der Machtmittel des jüdisch-bolschewistischen Systems, Ausrottung asiatischer Einflüsse in Europa.
  - → Soldaten müssen neue Aufgaben Wahrnehmen.
  - → Sozialdarwinismus.
  - → Ungenaue, ausdehnbare Formulierung.
- Soldat ist nicht nur Kämpfer, sondern Träger der Ideologie, Rächer aller sowjetischer Verbrechen.
  - → Verbreitung der Ideologie in gesamte Welt.
- Harte Strafen der Soldaten an Juden sind gerecht, damit diese Wehrmacht nicht in Rücken fallen.
  - → Erbarmungslosigkeit und Empathiefähigkeit der Soldaten gefördert.
- Partisanen werden wie Soldaten behandelt, sollen vernichtet werden.
- Verpflegung wird unter größten Schwierigkeiten aufgetrieben; Heimat muss Entbehrungen erdulden.
  - ▪ Darum soll dies nicht an Feind verschwendet werden.
  - => Ist notwendiger Teil eigener Versorgung.
- Soldat soll zwei Pflichten erfüllen um asiatisch-jüdische Gefahr für Deutschland auszurotten.
- Bolschewismus (Staat, Ideologie, Wehrmacht) vernichten.
- Deutsches Leben in Russland sichern durch Ausrottung aller (potenziellen) Gefahren.
  - => Geschichtliche Aufgabe der Deutschen.
  - → Kriegsverbrechen nicht nur erlaubt, sondern gefördert.
- **Kriegsschuld Deutschlands.**
  - ▪ Verbrechen gegen Menschlichkeit und vorige Kriegsrechtsbeschlüsse.
  - ▪ Ausübung / Umsetzung dieses Befehls schwer nachweisbar.
  - ▪ Hitler macht deutlich, dass dieser Befehl vorbildlich sei.
- **14. Oktober 1941** Freundlicher Umgang zu Juden wird bestraft.
- **Dezember 1941** Hitler wird formal zum **Oberbefehlshaber** der deutschen Armee.
- Roosevelt sah Einritt in Krieg unvermeidlich, konnte sich aber nicht gegen Kongress behaupten.
- **7. Dezember 1941** Japanischer Überraschungsangriff auf **Pearl Habour** wendet Kriegshaltung der Bevölkerung in USA.
- **8. Dezember 1941 Amerikanische Kriegserklärung an Japan.**
  - => Niederlage der Achsenmächte nur noch Frage der Zeit, wegen amerikanischem Waffenpotential und -kraft.
- **12. Dezember 1941** Juden dürfen keine öffentlichen Telefone besitzen.
- Als deutsche Niederlage abzusehen war, strebten Amerika und England Befreiung Deutschlands vom NS – Regime für westlich-demokratische Zukunft an.
- UdSSR wollte Entschädigung und Expansion des Kommunismus.
- **Ab 1941** Konferenzen zwischen Amerika, UdSSR und England um über deutsche Zukunft zu reden.
- **1941 Atlantik Charta.**
- „**4 Freiheiten**" (Selbstbestimmungsrecht der Völker, Garantie der Unabhängigkeit der Staaten, wirtschaftliche Gleichberechtigung und Verzicht auf Expansion) sollen Grundlage neuer Sicherheitsordnung werden.
  - => Weiterentwickelte Form des **Wilson – Vertrages**.
- Nach „**Open-Door - Policy**" sollten Staaten ungehindert an Weltwirtschaft teilnehmen können.

- Nach „**One-World – Prinzip**" solle kein Staat mehr machtpolitische Interessen vertreten.
  => UN (Vereinte Nationen) als Ausdruck dieser Prinzipien entstanden.
- Modifizierte Nachfolgeorganisation des Völkerbundes.
- **1942** Keine weiteren Erfolge von Mussolini, daher schwindende Popularität.
- **1942** Massenstreiks in Italien.
- **Frühjahr 1942** Japanische Gebiete beherbergen über 450 Millionen Einwohner.
- **20. Januar 1942 Wannseekonferenz.**
- Heydrich beginnt Holocaust bzw. „Endlösung der Judenfrage" in Tat umzusetzen.
- Massenerschießungen als zu ineffektiv eingestuft und durch Ghettos, mörderische Zwangsarbeit und Massenvernichtungslager erweitert bzw. abgelöst.
- **20. Januar 1942 Protokoll der Wannsee – Konferenz zur Endlösung der Judenfrage (WK2/M2).**
- Führer genehmigt als Ausweichmöglichkeit anstatt Auswanderung, Evakuierung der Juden nach Osten.
- Bei Konferenz werden praktische Erfahrungen zur Endlösung der Judenfrage gesammelt, was 11 Millionen europäische Juden betreffen wird.
- Juden sollen im Osten zur Arbeit eingesetzt werden.
  - Nach Geschlechtertrennung sollen arbeitsfähige Juden Straßen bauen.
    → Tod vieler wird in Kauf genommen.
  - Überlebende zu widerstandsfähig als dass sie befreit werden können.
    - Geschichte und natürliche Auslese zeigen, dass sonst neue Keimzellen der Juden entstehen.
- Juden werden von Westen nach Osten durchgekämmt.
  - Wegen Platzmangel und anderer sozialpolitischer Notwendigkeiten muss mit Böhmen und Mähren so bald wie möglich begonnen werden.
- KZs waren eng und sollten möglichst viele Juden möglichst effektiv töten.
- Lagen in ländlichen Gebieten am Ende kleiner Bahnlinien.
- Gaskammern waren als Duschen getarnt.
- **15. Februar 1942** Juden dürfen keine Haustiere besitzen.
- **24. März 1942** Juden dürfen keine öffentlichen Transportmittel benutzen.
- **Mai 1942** Köln durch amerikanische Luftwaffe beinahe vollständig zerstört um Bevölkerung zum Aufstand gegen Deutschland zu bewegen.
- Bombenkriege bringen Angst und Schrecken unter deutsche Zivilbevölkerung, welche bis dato vom Krieg verschont wurde.
- USA suchten Legitimation durch Schrecken der Deutschen.
  - Zielten bewusst auf Städte und nehmen zivile Opfer in Kauf.
- **5. Juni 1942 Seeschlacht von Midway**.
- USA beendet Siegessträhne von Japan.
- **Juni 1942 Massenvergasungen in Auschwitz.**
- **Massenvernichtung (179/M21).**
- In großem Raum wird 3000 Mann von SS-Männern Ausziehen befohlen.
  - Tafeln in zahlreichen Sprachen weisen Häftlinge an, Schuhe und Kleidung an Kleiderhaken aufzuhängen.
- Häftlinge werden in nächstem Raum gesperrt, wo Säulen nicht die Wand stützen, sondern hohl und mit Maschendraht verkleidet sind.
- SS-Männer verlassen Raum und zählen Häftlinge durch.
- Im Luxuswagen kommt SS-Offizier mit Zyklon oder B-Chlor, ein Pulver welches in Kontakt mit Luft zu Gas wird.

- Öffnet einen Schornstein und kippt Pulver rein.
  => Saal mit Häftlingen schnell voller Gas, in 5 Minuten sind alle tot.
- Lastwagen bringen Kleidung zur Desinfektion, welche danach nach Deutschland gebracht werden.
- Leichen werden mittels Aufzügen ins Krematorium gebracht, wo ihnen Goldprothesen gezogen werden und sie dann eingeäschert werden.
- **Ab Sommer 1942** Weiße Rose verteilt Flugblätter an Münchner Studenten.
- **Ende 1942 6. Armee wird in Stalingrad eingeschlossen.**
- Hitler verbietet Kapitulationsverhandlungen.
  => Stalingrad wird zum Symbol für Kriegsschrecken und Wende im Krieg.
- **1942** Regierungsspitze ruft **Totalen Krieg** aus.
- „Volkssturm" zieht Jugendliche, Kinder und Alte ein, Rüstungsproduktion noch einmal angetrieben.
- **Propagandaplakat von 1942.**
- 'Das droht uns, wenn wir verlieren – darum KAMPF bis zum SIEG'.
- Kampf gegen sogenanntes jüdisch-bolschewistische System.
- Kampf = Totaler Krieg, Vernichtungskrieg gegen Sowjetunion.
- Sieg: Endsieg (Gegensatz zum 1. Weltkrieg).
- Kontext: Nach Niederlage von Stalingrad sollten noch einmal alle Mittel zur Kriegsführung genutzt werden.
- Bildteil: Stereotypes jüdisches Gesicht; roter Stern für rote Armee.
  => Furcht vor Sowjetunion sollte geschürt werden.
- **Anfang Februar 1943 6. Armee in Stalingrad gibt auf.**
- Äußerste Kraftanstrengungen und Opferbereitschaft führen in Stalingrad zur Wende im Krieg.
- Nach Rückeroberung Stalingrads drängt **Rote Armee** Wehrmacht zurück nach Deutschland.
- Auf Rückzug üben Wehrmacht und SS mehr Gewalt an Zivilbevölkerung aus.
- **18. Februar 1943** Abwurf von Flugblättern führt zur Verhaftung von Mitgliedern der Weißen Rose.
- **April und Mai 1943 Judenaufstand im Warschauer Ghetto von SS niedergeschlagen.**
- **Mai 1943** Nordafrika von Deutschland und Italien „zurückerobert".
- **Juli 1943** Wegen alliierten Truppen in Süditalien will Volk Mussolini absetzen.
- **25. Juli 1943** Mussolini wurde gestürzt.
  → Faschismus in Italien zerfällt.
- **Juli 1943** Hamburg durch amerikanische Luftwaffe beinahe vollständig zerstört um Bevölkerung zum Aufstand gegen Deutschland zu bewegen.
- **September 1943** deutsches Sonderkommando befreit Mussolini, versteckt ihn in seiner Villa am Gardasee.
- Parteiangehörige entdecken und töten ihn, Leiche wird unter Jubel auf Mailänder Platz ausgestellt.
- Heutzutage besteht noch immer Partei im Parlament, welche an damaligen Faschismus anknüpft.
- **November 1943** Beschluss alle hauptschuldigen Nationalsozialisten vor internationales Militärtribunal zu stellen.
- **28. November – 1. Dezember 1943 Konferenz von Teheran.**
- Churchill, Roosevelt und Stalin diskutieren territoriale Neuordnung Europas.
- **1943 – 1945** Nationalsozialistischer Terror hat Bevölkerung eingeholt.
- Staatliche Ordnung vergangen, Familien auf Flucht oder getrennt, Städte verwüstet.
- **1944 – 1949 1. Phase des Kalten Krieges: Entstehung des Konfliktes**

- **Mitte 1944** wurde mit Vorrücken der Roten Armee Osteuropa sowjetisch erzogen.
- **„Lubliner Komitee"** in Polen als Regierung eingesetzt, gegen Protest der Westmächte.
- Englischer Exilregierung wurde Einreise verboten.
- **4. Juni 1944 Alliierten Invasion der Normandie.**
- Nach langer Planung besetzten Alliierten Frankreich, Belgien und Niederlande.
- **20. Juni 1944 Attentatsversuch des Oberst von Stauffenberg.**
- Anhänger der Nazis gewesen, doch von religiösen Motiven getrieben worden.
- Im Goerdeler Kreis wurde Attentat zum Symbol des Widerstandes,
- Zeitzünder verletzte Hitler nur leicht, Überleben als göttliche Vorsehung gedeutet.
  => 7000 Personen verhaftet und nach Schauprozessen erschossen worden.
- **Anfang September 1944 Alliierte erobern Aachen.**
- **1944 Bretton Woods Konferenz.**
- Auf Freihandel basierende, neue Handels- und Währungsordnung geschaffen.
- Abstimmungsmechanismen sollten Krisen vermeiden, Dollar löst Pfund Sterling als Leitwährung ab.
- UdSSR nahm an *Bretton Woods Konferenz* teil, wollte Handels- und Währungssystem aber nicht annehmen.
- Fürchtete sich vor amerikanischer, handelspolitischer Hegemonie.
- Laut UdSSR diene Dollar als internationales Zahlungsmittel und Freihandel nur zur Unterdrückung der Völker im kapitalistischen Imperialismus.
  => Übernahme dieser Bestimmungen würde Ende der Sowjetunion bedeuten.
  => Bereits **1944** trennten sich USA und UdSSR handels- und wirtschaftspolitisch.
- Stalin hat sich schon in Teheran und Jalta geweigert Gebiete vom Hitler-Stalin – Pakt abzutreten.
  => Roosevelt hoffte aber auf Kooperation mit UdSSR und erkannte Bedürfnis nach Sicherheit und Ausgleich für Kriegsschäden.
- **Winter 1944/45** Flüchtlingsströme nach Westen.
- Nazis verwischen Spuren im Osten, sprengen Gebäude und zwingen Häftlinge zu Gewaltmärschen.
- **4. - 12. Februar 1945 Konferenz von Jalta.**
- Letzte Konferenz vor Kriegsende, geprägt von starkem Misstrauen der Regierungschefs.
- England, UdSSR und USA finden kein endgültiges Ergebnis aber **„gewisse" Westverschiebung Polens** akzeptiert.
- Deutschland soll **entmilitarisiert** und **entwaffnet** werden, Verpflichtung zu **Reparationszahlungen**.
- England wollte starkes Deutschland als **Bollwerk gegen Kommunismus,** USA und Russland wollten Deutschland schwächen und zerstückeln.
  - 5 Teile sollten entstehen, Churchill forderte nur 2.
  → Wird Deutschland aufgeteilt, fallen Besatzungskosten an und Reparation wird unmöglich.
- **Frankreich** wird als 4. Besatzungsmacht hinzugezogen, **Verwaltung Berlins** soll gemeinsam stattfinden.
- Grenzen der Besatzungszonen wurden endgültig festgelegt.
  => **4 D's (Demilitarisierung, Demokratisierung, Denazifizierung, Dezentralisierung)**
- **4 D's nur Formelkompromisse.**
- Während Ost-West – Konflikt wird deutlich, dass Besatzer diese unterschiedlich verstehen und umsetzen.
- **13. und 14. Februar 1945** Dresden durch amerikanische Luftwaffe beinahe vollständig zerstört um Bevölkerung zum Aufstand gegen Deutschland zu bewegen.

- **16. März 1945** Würzburg durch amerikanische Luftwaffe beinahe vollständig zerstört.
- **1. April 1945 Amerikanische Truppen erreichen japanisches Mutterland.**
- **Mitte April 1945** Sowjets stürmen Reichstagsgebäude.
- **30. April 1945 Hitler begeht Selbstmord.**
- **2. Mai 1945** sowjetische Fahne wird auf Reichstagsgebäude gehisst.
- **8. Mai 1945 Deutschland kapituliert bedingungslos.**
  => 55 Millionen Soldaten und Zivilisten sind in 5,5 jährigem Krieg, gestorben.

Historiker über den Nationalsozialismus

- **Trotzki über den Aufstieg des Nationalsozialismus anhand der Arbeiterbewegung (189/M1)**
- Nachkriegschaos führte zur Verarmung der Mittelschicht und des Proletariats.
  => Offizieller Glaube an den demokratischen Parlamentarismus schwindet.
- Vielzahl der Parteien, Desinteresse an Wahlen und häufiger Regierungswechsel verkomplizierten die soziale Krise.
- Bürger sehnten sich nach (alter) Ordnung und einer eisernen Hand wegen der Niederlage, Reparationszahlungen, Inflation, Bankrott, Arbeitslosigkeit der Studenten und wegen den unverheirateten Töchtern.
- Nationalsozialismus von unterer und mittlerer Offiziersschicht erhoben, da diese keinen Dank für Opfer am Vaterland bekommen haben.
  => Daher Hass aufs Proletariat.
- Politisches System zwang Offiziere, die sich an den Kommandoton gewöhnt haben zum alten Leben zurückzukehren.
  o Fabrikanten, Bankiers und Minister zwangen Offiziere wieder Buchhalter, Ingenieure, Postbeamte und Volksschullehrer zu werden.

- **Golo Mann über den Aufstieg Hitlers (189/M2).**
- Versagen der Republik war nicht der Nährboden für Hitler.
  o Historiker sagen zu Unrecht, dass sich Deutschland jahrhundertelang zum Nationalsozialismus hinbewegte.
- In Deutschland fand sich Sehnsucht nach Caesar, Judenhass und Imperialismus in der Gesellschaft, jedoch war dies kein ausreichender Nährboden.
  o Spätbismarker, Alldeutsche, Ludendorffer, Vaterlandspartei und Freikorps waren auch kein solides Fundament.
- Wirtschaftskrise verhalf Hitler zum Durchbruch und weckte Gefühle die seit 1919 vergessen wurden.
- Nach Rücktritt Wilhelms II. entstand ein Machtvakuum, welches die Demokratie nicht ausreichend füllen konnte.
  o Mehr war noch nicht vorbestimmt, wäre Hitler nicht aufgetaucht, wäre eine andere Bewegung aufgekommen, nicht der Nationalsozialismus.
  => Im Machtvakuum greift sich der Stärkste die Macht, Hitlers Aufstieg war Zufall.

- **Eichholtz + Schumann über den Nährboden des Nationalsozialismus (190/M3).**
- Historiker bestreiten, dass aggressive Expansionspolitik, Revanchismus und Antikommunismus die Grundlage für Hitlers Aufstieg bilden.
  o Machtergreifung durch Großindustrielle als politische Zwecklücke unterstützt.
  o Aufstieg durch klassenlosen Charakter, weshalb man breite Zustimmung fand.

- Dokumente zeigen, dass Gruppe deutscher Industrieller, Bankiers und Großagrarier die Machtergreifung, Kanzlerschaft und Diktatur förderten und organisierten.
  - Darunter auch diejenigen, die Hindenburg zur Ernennung Hitlers als Kanzler drängten.
- Weltwirtschaftskrise wirft Deutschland in tiefe wirtschaftliche, politische und ideologische Krise.
- Aggressive Finanzgruppen schufen Machtbasis für Nationalsozialismus um die eigenen Vorteile zu erhalten.
  => Wirtschaftskrise bildet Grundlage für Hitlers Aufstieg.

- **Fritz Fischer über die Kontinuität der Weltkriegsgeschichte (190/M4).**
- Nationalsozialismus nur wegen bürgerlichem Führer, Willensmenschen und traditionellen, agrarischen, industriellen Machteliten, welche die Wehrmacht und Diplomatie dominierten möglich.
  - Wollten mehr als nur Revision, wollten deutsche Großmacht und Ostimperium, welches Autarkie versprach.
  - Militärisches Eingreifen als notwendiges Übel akzeptiert.
  => Dieses Ziel wurde im 1. Weltkrieg verfolgt, erlosch nicht im Machtvakuum der Weimarer Republik und flammte im Nationalsozialismus stärker auf.
- Im Kaiserreich und im Dritten Reich unterschätzten die Eliten die historisch-politische Realität.
  - 1. Versuch, Wandel der traditionellen Gesellschaft in eine industrielle zu verhindern ist im Vorhinein zum Scheitern verurteilt.
  - 2. Großmächte waren niemals bereit deutsche Expansion einfach nur hinzunehmen.

- **Kershaw über die „charismatische Herrschaft" Hitlers (191/M5).**
- Hitlers Machtaufstieg als „charismatische Herrschaft" bezeichnet.
  - Anhänger nehmen beim Führer Heldentum, Größe und Sendungsbewusstsein wahr.
  - Grenzt sich von „legaler Herrschaft" eines unpersönlichen Bürokraten ab.
  - Grenzt sich von „traditioneller Herrschaft" eines erblichen Titels ab.
  - Sagt aber nichts über den spezifischen Führeranspruch oder die Gründe der Akzeptanz aus.
- Akzeptanz des Führertums basiert auf kürzlichem Scheitern der Monarchien.
  - Religiöse Sehnsucht nach gottgegebener Autorität kam im neuen, volksnahen Gewand zum Ausdruck.
- Traumatische Auswirkungen des Krieges und übersteigerte militärisch-chauvinistische Wertvorstellungen schaffen Nährboden für den Nationalsozialismus.
- „Charismatische Herrschaft" in Deutschland grenzt sich von jenen in Italien und Russland (Stalin) ab.
  - In Deutschland fand ein Zusammenspiel von Krisen und deutscher, politischer Kultur statt.
- Verspätete nationale Einheit, Folgen der sieg- / verlustreichen Kriege auf deutschem Boden, Diskontinuität und Uneinigkeit der deutschen Geschichte veranlasst viele Menschen zur Heroisierung der Politik.
  - Schon vor Hitler sehnte sich die Rechte nach einem Führer, der sowohl Hohepriester als auch Krieger und Staatsmann ist.
    - Daraus erhoffte man sich die alte Einigkeit und Größe.
- Durch die Krisen der 30er Jahre gewann Hitler mit demagogischen Reden und charismatischer Parteigemeinschaft an Einfluss.
  - Nur die Empfindungen der Bevölkerung gegenüber Hitler zählt, nicht die Persönlichkeit oder Charaktereigenschaften des „charismatische Herrschers".
  => Vermarktung des „Hitler-Images" führte zu Wahlerfolgen.

- Bereitschaft der Anhänger eine solche Ideologie anzunehmen war hoch.
- Die meisten Wähler Hitlers waren nicht an Ideologie, sondern am Alltäglichen interessiert.
  - Kümmerten sich nur um Brot, Arbeit, Durchsetzung der regionalen Interessen oder den eigenen Vorteil.
- Viele Wähler ergaben sich der Massenbewegung, da Hitler nicht mehr falsch machen könne, als seine Vorgänger.